성공을 부르는
# 1의 법칙

**MZ라면 꼭 알아야 할**

# 성공을 부르는 1의 법칙

사소해 보이는 **하나의 진리**가
**변화**를 일으키고 **운명**을 바꾼다

정순모 지음

다산글방

매일매일
작은 변화를
느껴라

## Prologue

# 지금보다 더 단단하고 빛날 당신을 위하여

*"이 책에서 단 하나의 깨달음을 발견하고
그것을 실천하는 순간,
당신의 삶은 어제와 다르게
새로운 세상을 향하여 흘러가기 시작할 것이다.*

*당신이 새로운 변화를 꿈꾸며
운명을 바꾸고 싶다면
이 책에서 딱 하나의 사소한 진리를 만나보라!"*

    진정한 변화는 거대한 결심이나 화려한 시작에서 오는 것이 아닙니다. 그것은 단 하나의 순간, 단 한 번의 느낌, 단 하나의 결단, 단 하나의 행동에서 시작됩니다.
    이 책이 세상에 나오기까지 5년이나 걸린 것은, 필자가 진리는 사소한 곳에 있다는 것을 깊이 깨달은 후, 사소한 진리들의 사례를 하나씩 하나씩 기록해 놓은 것이 결국 한 권의 책이 되었기 때문입니다.

이 책을 쓰며 문득 떠오른 장면들이 있습니다. 어린 시절, 처음 자전거 페달을 밟던 순간. 두려움과 설렘 속에서 균형을 잡으며 한 걸음을 내딛는 것만으로도 세상이 달라 보였던 기억. 처음 낯선 도시에 발을 디디며 느꼈던 막연한 두려움과 그 뒤를 잇는 성취감. 그리고 어느 날 우연히 펼친 한 권의 책에서 만난 한 문장이 마음속 깊이 스며들어 삶의 방향을 새롭게 잡아준 경험까지.

모두 작고 사소해 보였지만, 그 모든 순간들이 결국 오늘의 나를 만들었습니다. 그렇게 진리는 아주 사소한 곳에 있었음을 알게 되었습니다.

우리는 종종 너무 큰 목표를 바라보며 지금의 자신을 작게 느끼곤 합니다. '내가 이걸 해낼 수 있을까?', '지금 이 작은 행동이 무슨 의미가 있을까?'라는 의구심에 스스로를 주저앉힐 때도 많습니다. 하지만 돌아보면 삶을 이루는 것은 크고 특별한 사건이 아니라, 매일 반복되는 작은 선택과 행동의 집합입니다. 단 1분의 결심, 하루 한 번의 노력, 작은 습관 하나가 쌓여 우리를 새로운 방향으로 이끌어줍니다.

이 책은 단순히 성공이나 성취를 이야기하는 책이 아닙니다. 오히려 삶의 평범한 순간들 속에서 숨겨진 가능성을 발견하고, 그 작고 사소한 행동들이 얼마나 큰 변화를 만들어낼 수 있는지를 함께 나누고 싶었습니다. 그것은 매일 한 걸음씩 걸어가는 과정이며 때로는 실패하고 흔들리더라도 다시 일어나 앞으로 나아가는 힘입니다.

우리는 모두 자신만의 이야기를 써 내려가고 있습니다. 한 편의 위대한 소설도 한 줄의 문장에서 시작되듯이 인생도 마찬가지입니다. 인생의 의미는 단번에 찾아지는 것이 아니라, 매 순간의 선택과 행동이 차곡차곡 쌓이며 형성됩니다. 눈부신 성취나 극적인 전환점이 우리를 정의하는 것이 아니라, 우리가 매일 살아가는 방식과 쌓아온 작은 순간들이 곧 우리의 이야기가 됩니다.

어떤 날은 자신이 써 내려가는 문장이 초라하게 느껴질 수도 있고 한동안 같은 구절을 반복하는 듯한 지루함이 찾아올 수도 있습니다. 그러나 아무리 평범해 보이는 문장이라도 그것들이 모여 하나의 서사가 되고 결국 삶을 구성하는 가장 중요한 부분이 됩니다.

길고 복잡한 이야기에도 반드시 시작이 있고, 한 장 한 장을 넘길 때 비로소 전체의 의미를 알 수 있는 것처럼, 지금 당신이 쌓아가고 있는 작은 순간들 역시 언젠가 가장 의미 있는 한 문장이 되어 있을 것입니다.

지금 이 순간, 내딛는 한 걸음이 먼 훗날 돌아봤을 때 삶을 이루는 가장 중요한 한 줄이 될지도 모릅니다. 우리는 누구나 매일 새로운 페이지를 써 내려가고 있고, 그 안에는 결코 사소하지 않은 가치가 담겨 있습니다.

"삶은 한순간에 바뀌지 않습니다.
그러나 그 변화는 지금, 이 순간
당신이 내리는 작은 선택과 행동에서 시작됩니다.
첫걸음을 내딛는 용기를 가지세요.
그 길의 끝에서 당신은 지금보다 더 단단하고 빛나는
자신을 발견하게 될 것입니다."

이 책이 여러분의 삶의 여행길에 작은 동반자가 될 수 있길 바라며 여러분의 마음 속 작은 불씨를 밝혀주길 바랍니다. 그 불씨가 하루를 따뜻하게 만들고 나아가 삶 전체를 밝히는 빛으로 번지기를 진심으로 소망합니다.

- 정순모

차례

**Chapter 1**

## 1로 바라본 시간과 삶 ——————— 15

- 01 1초의 선택이 만들어낸 새로운 시작 ········· 17
- 02 하루 1분 명상이 주는 삶의 전환 ········· 20
- 03 하나의 시곗바늘처럼 움직이는 삶 ········· 23
- 04 시간의 가치를 깨닫는 1분 ········· 26
- 05 단 하나의 집중이 창조해 내는 몰입 ········· 29
- 06 과거와 미래를 잇는 현재의 1초 ········· 32
- 07 오늘 단 하나만 잘하겠다는 다짐 ········· 35
- 08 단 하나의 계획이 시간 관리의 시작점 ········· 38
- 09 1년을 바꾼 단 하루의 경험 ········· 41
- 10 시간을 낭비하지 않게 만드는 하나의 질문 ········· 44
- 11 1초의 침묵이 전하는 메시지 ········· 47

■ 시간 속에서 발견하는 삶의 진리 ········· 50

차례

## Chapter 2

# 1의 힘을 발견하다 ——— 53

**01** 1분으로 달라질 수 있는 것들 ——— 55

**02** 하나의 선택이 만든 인생의 분기점 ——— 58

**03** 작은 차이, 큰 결과, 「1도의 기적」 ——— 60

**04** 매일 한 걸음, 「꾸준함의 가치」 ——— 62

**05** 하나가 부족할 때의 치명적 결과 ——— 64

**06** 시작은 하나로부터, 「첫걸음의 중요성」 ——— 66

**07** 1시간 집중으로 얻는 하루의 기적 ——— 68

**08** 하나의 목표가 만드는 명확한 삶 ——— 70

**09** 단 하나의 책이 바꾼 인생 이야기 ——— 73

**10** 성공의 첫 번째 습관, 「작은 것부터」 ——— 75

**11** 일상을 바꾸는 단 1%의 차이 ——— 77

■ 작은 하나가 만드는 강력한 변화 ——— 80

## Chapter 3

# 1에서 시작하는 성공의 공식 —————— 82

**01** 하나가 변하면 모든 것이 달라진다 ················ 84
**02** 한번의 기적, 「최선의 힘」 ···························· 88
**03** 단 하나의 실패에서 배운 성공의 법칙 ············ 91
**04** 한 번 더 시도했을 때 오는 승리 ···················· 94
**05** 1만 시간의 법칙, 「노력의 불변 진리」 ············ 96
**06** 반복의 힘, 「매일 하나씩 쌓아가는 과정」 ········ 99
**07** 하나의 좋은 습관이 만드는 긍정적 파급효과 ···· 102
**08** 하나를 잃었을 때의 교훈 ···························· 104
**09** 결승선 마지막 스퍼트가 만드는 승부 ············ 107
**10** 하나의 미소가 바꾸는 인간관계 ···················· 110
**11** 작은 다짐이 이끄는 하나의 큰 변화 ·············· 113

■ 사소한 태도가 인생을 결정짓는다 ················ 116

차례

## Chapter 4

### 1의 심리학과 자기 변화 — 121

01 하나의 불편함이 전환점이 될 때 — 123
02 1초의 망설임이 기회를 앗아간다 — 125
03 감사의 습관 하나가 주는 심리적 안정 — 128
04 나를 바꾸는 1%의 자기 개선 — 131
05 단 하나의 목표가 집중력을 높인다 — 134
06 작은 칭찬 하나로 자존감을 키우는 방법 — 137
07 작은 하나로 깨는 새벽의 벽 — 140
08 1이라는 숫자 속에 숨은 의미 — 143
09 하루 한 가지 성공으로 쌓이는 자신감 — 146
10 단 한 번의 용기가 만들어낸 혁신 — 149
11 하나의 시도가 실패를 두려워하지 않는 법 — 152

■ 1의 심리학과 자기 변화 — 155

Chapter 5

# 관계 속의 1 ——————————— 159

01 하나의 말이 사람을 움직인다 ················· 161
02 단 한 번의 사과가 관계를 살린다 ············ 164
03 하나의 미소가 만드는 신뢰의 시작 ············ 167
04 1% 더 배려할 때 관계가 달라진다 ············ 170
05 단 한 번의 경청이 주는 신뢰의 힘 ············ 173
06 하나의 선의가 변화시킨 공동체 ················ 176
07 하나의 오해가 부른 관계의 균열 ··············· 179
08 하나의 작은 다짐이 큰 화해로 이어질 때 ····· 182
09 하나의 진심이 주는 감동 ························· 185
10 단 하나의 손길로 만들어지는 기적 ············ 188
11 나눔의 첫 걸음, 「하나로 시작하는 연대」 ······ 191

■ 작은 행동이 만드는 커다란 변화 ················ 194

차례

**Chapter 6**

## **1**의 법칙으로 완성하는 삶 —————— 199

01 하나의 열정으로 목표를 이룬 사람들 ——————— 201
02 단 하나의 비전이 만드는 성공의 공식 ——————— 204
03 1에서 100으로, 「성장의 비밀」 ——————— 207
04 하나씩 쌓이는 작은 성공의 축적 ——————— 210
05 단 하나의 신념으로 극복한 역경 ——————— 213
06 하나를 포기하지 않는 집념 ——————— 216
07 하나의 작은 변화가 만든 지속 가능한 발전 ——— 219
08 단 하나의 실패를 대하는 태도 ——————— 222
09 결국 남는 것은 하나의 성취 ——————— 225
10 하나로부터 시작된 혁명 이야기 ——————— 228
11 1의 법칙, 당신의 삶에 적용하기 ——————— 231

■ 1의 법칙으로 완성하는 삶 ——————— 234

Chapter 1

# 1로 바라본
## 시간과 삶

시간은 누구에게나
공평하게 주어진 자본금이다.
이 자본을 잘 이용한 사람이
승리한다.

- 아뷰난드 -

## 01

# 1초의 선택이 만들어낸 새로운 시작

우리의 삶은 크고 작은 선택의 연속입니다. 때로는 오랜 시간 고민하며 결정하지만, 아주 짧은 1초의 선택이 인생의 큰 전환점이 되기도 합니다. 그 짧은 순간의 용기가 지금과 전혀 다른 새로운 미래를 열어주기도 합니다. 1초의 망설임이 기회를 놓치게 만들 수 있지만, 1초의 결단은 예상치 못한 기적을 만들어낼 수 있습니다.

1954년, 미국 미시시피주에서 태어난 오프라 윈프리는 자신을 전 세계적인 방송인으로 만든 결정적 선택을 단 1초 만에 내린 것으로 유명합니다.

1983년, 그녀는 방송 경력을 쌓던 중 동료로부터 시카고의 작은 실험적인 토크쇼 진행을 제안받았습니다. 기존에 진행하던 뉴스 앵커 자리보다 안정성이 떨어졌고, 성공 가능성도 불투명한 도전이었습니다. 하지만 오프라는 망설임 없이 도전을 결심했고, 이 선택을 통해 그녀는 1986년, 〈The Oprah Winfrey Show〉를 시작했습니다. 그리고 이 프로그램은 전 세계적으로 가장 영향력 있는 토크쇼가 되었습니다.

　오프라 윈프리쇼는 25년간 방영되는 동안 미국 사회의 다양한 문제를 조명하면서 수많은 사람들에게 영감을 주었습니다. 아울러 그녀를 세계에서 가장 영향력 있는 방송인 중 한 명으로 만들었습니다.

　오프라 윈프리의 단 1초의 선택은 그녀의 인생뿐만 아니라, 수많은 사람들에게 영향을 미친 전환점이 되었으며, 이후 그녀는 방송인 뿐만 아니라 기업가, 자선가들을 위한 동기부여 연설가로서도 큰 성공을 거두었습니다.

　이처럼 인생은 작은 선택이 큰 변화를 불러오는 순간들로 가득합니다. 한 번의 결단이 도전의 시작이 되고, 한 번의 행동이 평생의 전환점이 되기도 합니다. 중요한 것은 주저하지 않고 과감히 선택하는 용기입니다. 망설임 속에서 멈춰서는 것이 아니라, 그 순간을 기회로 만드는 것이 새로운 시작을 열어줍니다.

##  〈1초의 새로운 선택〉 실천하기

1. 선택을 앞두고 두려움이 생길 때, 가장 먼저 내 마음이 진짜 바라는 것이 무엇인지 확인한다.
2. 완벽한 타이밍을 기다리기보다 지금 내릴 수 있는 최선을 선택한다.

3. 선택의 결과보다는 그 과정에서 배우는 것을 소중히 여긴다.
4. 실패할 가능성보다 성공할 가능성에 집중한다.
5. 작은 선택이 쌓여 큰 변화를 만든다는 점을 잊지 않는다.

> 삶은 수많은 선택으로 이루어집니다. 매 순간의 작은 결단이 결국 큰 변화를 이끌어내며, 그 선택이 미래를 형성하는 중요한 열쇠가 될 수 있습니다. 중요한 것은 그 순간을 놓치지 않고 신중하게 나아가는 용기입니다.

## 02
## 하루 1분 명상이 주는 삶의 전환

현대인은 끊임없는 자극 속에서 살아갑니다. 아침에 눈을 뜨자마자 스마트폰을 확인하고, 하루 종일 쏟아지는 업무와 정보에 시달리며 저녁이 되면 지친 몸을 이끌고 잠자리에 듭니다. 이런 일상 속에서 우리는 자신을 돌보는 시간을 잃어버리기 쉽습니다. 하지만 단 1분의 명상이 이러한 삶의 흐름을 바꿀 수 있습니다.

명상은 복잡하거나 많은 시간을 요구하지 않습니다. 하루 단 1분, 눈을 감고 깊게 호흡하며 현재에 집중하는 것만으로도 마음과 몸의 균형이 다시 찾아옵니다. 짧지만 강력한 이 1분의 시간이 내면의 평온을 되찾고 삶의 새로운 전환점이 될 수 있습니다.

세계적인 테너 조수미는 바쁜 공연 일정과 극심한 스트레스로 인해 한때 정신적, 육체적으로 한계에 부딪혔던 경험이 있습니다. 하루에도 몇 번씩 전 세계를 오가며 공연을 하던 그녀는 극심한 피로와 불안에 시달렸고, 심지어 목소리가 나오지 않는 순간까지 겪었습니다. 이때 그녀가 찾은 해결책이 바로 '명상'입니다.

그녀는 하루 단 몇 분이라도 호흡에 집중하며 마음을 다스리는 연습을 했고, 이 작은 습관이 결국 그녀의 삶을 완전히 바꿨습니다. 명상을 통해 무대에 오르기 전 긴장을 가라앉히고, 공연 후에도 그녀는 심신의 피로를 회복할 수 있었습니다.

1분 명상은 짧은 시간 안에 여러 긍정적인 변화를 가져옵니다.
첫째, 마음의 안정을 돕습니다. 불안한 감정을 다스리고 스트레스를 줄여줍니다.
둘째, 집중력이 향상됩니다. 불필요한 생각을 정리하고 중요한 일에 더 집중할 수 있게 합니다.
셋째, 감정 조절 능력이 강화됩니다. 순간적인 화나 짜증을 다스릴 수 있는 힘을 길러줍니다.
마지막으로, 신체적 건강도 증진됩니다. 깊은 호흡을 통해 심박수가 안정되고, 긴장이 풀리는 효과를 얻을 수 있습니다.

 **〈1분 명상〉 실천하기**

1. 편안한 자세를 취한다. 눈을 감고 허리를 세우며 편안하게 앉는다.
2. 깊게 숨을 들이마시고 천천히 내쉰다. 코로 숨을 들이쉬고 입으로 천천히 내보낸다.
3. 호흡에 집중한다. 생각이 떠오르면 자연스럽게 흘려보내고 다시 호

흡으로 돌아온다.
4. 지금, 이 순간을 사색한다. 이 순간을 느끼며 몸과 마음의 상태를 관찰한다.
5. 호흡을 하며 눈을 뜨고 스스로에게 쉼을 준다.

> 명상은 짧은 시간이지만 꾸준히 실천하면 삶에 깊은 변화를 가져오고 삶의 변화는 단순하지만 꾸준한 실천에서 시작됩니다. 매일 잠시 멈추어 자신의 내면을 들여다보는 시간이 쌓이면 마음의 평화와 명료함을 얻을 수 있습니다.

## 03
## 하나의 시곗바늘처럼 움직이는 삶

시곗바늘은 쉼 없이 움직입니다. 빠르게 뛰지도 않고 그렇다고 멈추지도 않습니다. 언제나 같은 속도로, 자신의 길을 따라 묵묵히 흘러갑니다. 우리의 삶도 이와 같다면 어떨까요? 꾸준하고 한결같이 흔들리지 않고 자신의 방향을 따라가는 삶 말입니다.

많은 사람들이 빠른 성공을 원하고, 단번에 삶이 변화하기를 기대합니다. 하지만 진정으로 의미 있는 변화는 순간적인 폭발이 아니라 꾸준함 속에서 만들어집니다. 시곗바늘이 매 순간 같은 속도로 움직이면서도 하루를 완성하듯, 삶의 작은 습관과 노력이 쌓이면 결국 원하는 목적지에 도달하게 됩니다.

> "작은 노력이라도 매일 지속되면
> 결국 인생을 바꾸는 가장 강력한 힘이 된다."

성공 철학의 선구자로 불리는 나폴레옹 힐은 미국 출신의 작가이자 성공 철학 연구가입니다. 그는 젊은 시절, 1908년 미국의 철강

왕 앤드루 카네기(Andrew Carnegie)의 조언을 듣고 20년 동안 세계적으로 성공한 인물들을 연구했습니다. 그 과정에서 그는 수많은 기업가, 정치인, 혁신가들과 인터뷰하며 그들의 성공 비결을 분석했습니다. 그리하여 그는 1937년 『생각하라 그리고 부자가 되어라』를 출간하며, 성공한 사람들의 공통된 특징을 정리했습니다. 그 책은 지금까지도 자기계발서의 고전으로 평가받으며 전 세계적으로 수많은 독자들에게 영향을 미쳤습니다.

그는 말합니다. 성공한 사람들은 단 한 번의 기회로 운명을 바꾼 것이 아니라, 매일 같은 노력을 반복하며 포기하지 않고 흔들리지 않는 태도로 목표를 향해 걸어갔다고 말입니다. 나폴레옹 힐의 성공 철학은 현대 경영학과 자기 계발 분야에 큰 영향을 미쳤으며, 그의 연구는 지금도 수많은 기업가와 리더들에게 많은 영감을 주고 있습니다.

시곗바늘처럼 살아간다는 삶이란, 급하게 가지 않아도 되는 삶입니다. 시곗바늘은 결코 서두르지 않습니다. 하지만 결국 정확한 시간에 도착합니다. 우리는 때때로 너무 빨리 성공하고 싶어 하지만 중요한 것은 지속 가능성입니다. 또한, 포기하지 않고 꾸준히 나아가는 것입니다.

시곗바늘은 멈추지 않습니다. 하루 종일 같은 속도로 움직이면서도 결국 하루를 완성합니다. 우리의 인생도 마찬가지입니다. 한 번의 실패로 모든 것이 끝나는 것이 아니라, 계속해서 나아가는 것이 중요합니다. 자신만의 속도를 유지하는 것도 매우 중요한 일입니다. 분침, 시침, 초침은 각자의 속도로 움직이며 결국 하나의 시간을 만들어냅니다. 남들과 비교하지 않고 자신만의 리듬을 지키는 것이 가장 중요한 삶의 원칙인 것입니다.

###  〈하나의 시곗바늘〉처럼 꾸준히 살아가기

1. 남들과 비교하지 말고 자신만의 속도와 리듬을 유지한다.
2. 작은 습관이라도 매일 반복하며 꾸준히 쌓아간다.
3. 단기적인 성과보다 지속 가능한 변화를 목표로 삼는다.
4. 실패하더라도 멈추지 않고 다시 나아가며 흐름을 이어간다.
5. 서두르지 않고도 결국 목적지에 도달할 수 있다는 믿음을 갖는다.

> 꾸준함은 인생을 완성하는 가장 강력한 힘입니다. 서두르지 않더라도 멈추지 않는 것이 진정한 성공으로 가는 길입니다. 작은 노력들이 지속적으로 쌓여 큰 성취를 이루어내며 그 과정에서 진정한 성장이 일어납니다.

## 04

## 시간의 가치를 깨닫는 1분

우리는 하루 24시간을 당연하게 받아들이지만, 정작 그 시간이 얼마나 소중한지 실감하지 못하는 경우가 많습니다.

아침에 눈을 뜨면 스마트폰을 확인하고, 일상을 보내며 시간을 흘려보내다가 어느새 하루가 끝나버립니다. 하지만 단 1분 만이라도 시간을 의식하며 살아간다면, 우리는 더 깊이 있는 삶을 살 수 있습니다.

1분은 짧은 시간처럼 보이지만, 때로는 그 가치가 상상할 수 없을 만큼 클 때가 있습니다. 1분이 늦어 비행기를 놓치는 사람에게는 1분이 평생의 기회를 결정짓는 순간이 될 수도 있습니다. 경기 종료 직전 1분이 남은 선수에게는 승패를 가르는 중요한 시간이 되고, 마지막 인사를 나누는 1분이 누군가에게는 평생의 기억으로 남기도 합니다.

1986년, 일본의 한 평범한 회사원인 요시다 다카히로는 지하철로 출근하던 중 작은 기적을 경험했습니다. 그는 그날 아침 1분만 더 서둘렀다면 이전 열차를 탈 수 있었습니다. 하지만 그가 탔어야 할 열차는 예상치 못한 사고로 큰 참사를 겪었습니다.

요시다 씨는 이 사건 이후 "1분의 차이가 내 삶을 바꿀 수 있다."라는 깨달음을 얻었고, 시간을 더욱 소중하게 여기며 자신과 주변 사람들에게 더 진심 어린 시간을 나누기로 결심했습니다. 그날 이후 그는 시간을 효율적으로 관리하고, 1분 1초를 의미 있게 사용하는 삶을 살아가며 시간 관리 전문가로 변신했습니다. 그는 강연에서 종종 이렇게 말합니다.

"1분의 선택과 행동이 당신의 미래를 바꿀 수 있다."

 **〈1분의 가치〉를 깨닫고 실천하기**

1. 1분간 자신의 호흡에 집중한다.
2. 1분 동안 감사의 마음을 떠올린다.
3. 1분 동안 계획을 세운다.
4. 1분간 대화에 집중한다.
5. 1분의 성찰로 하루를 마무리한다.

지금, 이 순간도 시간은 흘러가고 있습니다. 이 글을 읽는 동안에도 소중한 1분이 지나갑니다. 하지만, 이 1분이 의미 있는 깨달음을 주었다면 그 자체로도 충분히 가치가 있습니다.

## 05
## 단 하나의 집중이 창조해 내는 몰입

세상을 변화시킨 모든 위대한 성취는 '몰입의 순간'에서 탄생했습니다. 음악가가 선율에 온전히 빠져들 때, 작가가 한 문장에 깊이 집중할 때, 과학자가 실험에 몰두할 때 새로운 발견이 이루어집니다. 단 하나의 집중이 깊어질 때, 우리는 창조의 세계로 들어갑니다.

하지만 현대 사회에서 우리는 집중을 유지하기가 점점 더 어려워지고 있습니다. 스마트폰 알림, 끊임없는 정보의 홍수, 수많은 할 일 속에서 우리의 집중력은 매번 끊어지기 일쑤입니다. 하지만 진정한 몰입은 단 하나의 대상에 깊이 집중하는 순간 시작된다는 걸 깨달아야 합니다.

> "나는 특별한 재능이 있는 것이 아니다.
> 단지 한 가지 문제를 더 오래 붙잡고 있을 뿐이다."

알베르트 아인슈타인은 독일 출신의 물리학자로 현대 물리학의 근간을 이루는 상대성 이론을 제시한 인물입니다. 그는 1905년 특

수 상대성 이론 발표 이후 1915년, 일반 상대성 이론을 완성하며 물리학의 패러다임을 바꾸었습니다.

하지만 이 혁신적인 이론은 한순간의 영감에서 나온 것이 아니라 오랜 시간 하나의 문제에 몰입한 결과였습니다. 어린 시절부터 "빛의 속도로 움직이면 어떻게 될까?"라는 단순한 질문을 품고 있었던 그는 이 질문에 깊이 집중하며 수십 년 동안 연구를 이어갔습니다. 그 과정에서 수많은 실패와 오류를 겪었지만, 멈추지 않는 집념과 지속적인 탐구 끝에 상대성 이론을 완성할 수 있었습니다. 그의 연구는 현대 과학의 근간이 되었으며, 이후 우주론과 양자역학에도 지대한 영향을 미쳤습니다.

얕은 집중은 단순한 작업을 가능하게 하지만, 깊은 집중은 새로운 아이디어를 탄생시킵니다. 몰입은 시간의 흐름을 잊게 만듭니다. 진정한 몰입 상태에서는 외부의 방해 요소가 사라지고 오직 현재의 작업에만 빠져든다는 말입니다. 이런 순간이 쌓이면 남들과는 다른 차원의 결과물을 만들어낼 수 있습니다.

수많은 일을 동시에 하려 하면 어느 것 하나도 제대로 이루기 어렵습니다. 하지만 단 하나의 목표에 몰두하면 그 결과는 상상 이상의 것이 됩니다.

###  〈몰입〉을 통해 삶을 변화시키기

1. 한 번에 하나의 작업에만 깊이 집중한다.
2. 외부 방해 요소를 차단하고 몰입할 환경을 만든다.
3. 작은 질문이나 호기심에서 시작해 깊이 있는 탐구로 발전시킨다.
4. 실패와 어려움 속에서도 포기하지 않고 꾸준히 몰입한다.
5. 얕은 집중을 피하고 진정한 몰입 상태를 위해 시간을 투자한다.

> 한 가지에 깊이 빠져드는 순간, 새로운 세계가 열립니다. 그 몰입 속에서 우리는 이전에 경험하지 못한 창의력과 집중력을 발휘하며 새로운 가능성을 발견하게 됩니다. 시간이 지나면 그 몰입이 만들어낸 변화는 우리의 삶을 더욱 풍요롭고 의미 있게 만들어 줄 것입니다.

## 06
## 과거와 미래를 잇는
## 현재의 1초

시간은 끊임없이 흐릅니다. 우리는 과거를 돌아보며 후회하기도 하고 다가올 미래를 걱정하기도 합니다. 하지만 우리가 실제로 살아가는 순간은 오직 '현재'뿐입니다. 그리고 그 현재는 단 1초 속에 존재합니다. 현재의 1초는 과거와 미래를 잇는 다리와 같습니다. 우리가 지금 내리는 선택, 지금 하는 행동, 지금의 태도 하나가 우리의 미래를 결정하고 과거를 새로운 의미로 만들어갑니다. 과거에 얽매이지 않고, 미래를 막연히 기대하는 것이 아니라 현재의 1초를 어떻게 사용하느냐가 인생을 바꿀 수 있습니다.

"어떤 상황에서도 삶을 포기하지 마세요.
여러분이 살아 숨 쉬는 한 희망은 있습니다."

영국의 물리학자 스티븐 호킹은 1963년 21세의 나이에 루게릭병(ALS, 근위축성 측삭 경화증) 진단을 받았습니다. 당시 의사들은 그가 몇 년밖에 살지 못할 거라고 안타까워했습니다. 하지만 그는 절망하지 않고 그 1초 1초를 붙잡고 최선을 다하며 살아갔습니다. 몸이 점점 움직일 수 없게 되었음에도 불구하고 연구를 포기하지 않았으며, 말을 할 수 없게 되자 음성 합성 장치를 이용해 논문을 발표하는 등 학문적 탐구를 계속했습니다.

시간이 지나면서 마침내 그는 블랙홀과 우주의 비밀을 밝히는 중요한 연구를 남겼으며, 1974년 호킹 복사 이론을 발표하여 블랙홀이 완전히 검은 공간이 아니라 방사선을 방출하며 증발할 수 있음을 증명했습니다.

호킹은 과거를 후회하지도 미래를 두려워하지도 않았으며, 오직 현재의 순간을 의미 있게 살아가며 연구에 몰입했습니다. 그의 불굴의 정신과 끊임없는 탐구는 인류에게 위대한 지식을 선물하며 과학과 우주론에 대한 새로운 시각을 제시했습니다.

과거를 후회하는 것보다 지금을 바꾸는 것이 중요합니다. 이미 지나간 시간은 돌릴 수 없지만, 현재의 1초가 모이면 과거의 의미도 달라집니다. 또한 막연한 미래를 걱정하기보다 지금 행동하는 것이 필요합니다. 미래는 다가오는 것이 아니라, 지금의 순간들이 모여 만들어지는 것입니다. 현재의 1초는 선택의 순간입니다. 지금 내리는 선택 하나가 인생의 흐름을 바꿀 수 있습니다. 현재의 1초를 어떻게 사용하는가에 따라, 우리의 미래가 결정됩니다.

##  〈현재의 1초〉로 과거와 미래를 변화시키기

1. 과거를 후회하기보다 현재의 행동에 집중한다.
2. 미래의 불확실성을 걱정하기보다 지금 할 수 있는 일에 최선을 다한다.
3. 현재의 작은 선택이 미래를 바꿀 수 있다는 사실을 기억한다.
4. 의미 있는 1초 1초를 쌓아 긍정적인 변화를 만들어간다.
5. 과거의 실수를 발판으로 삼아 현재를 새롭게 만들어간다.

> 현재의 1초는 우리 삶의 모든 가능성이 열리는 순간입니다. 매 순간의 결단이 우리의 미래를 형성하며 그 작은 선택들이 결국 큰 변화를 만들어냅니다. 중요한 것은 이 순간을 소중히 여기고 올바른 선택을 하는 것입니다.

## 07
## 오늘 단 하나만 잘하겠다는 다짐

　우리는 하루를 시작하며 수많은 목표를 세웁니다. 운동도 해야 하고, 업무도 완벽하게 끝내야 하며 좋은 인간관계까지 유지해야 한다고 생각합니다. 하지만 너무 많은 목표를 한꺼번에 이루려 하면 오히려 부담감에 짓눌려 아무것도 제대로 해내지 못한 채 하루를 마무리하게 됩니다.

　하지만 만약 오늘 하루, 단 하나의 목표에만 집중한다면 어떨까요? "오늘은 이것 하나만큼은 꼭 잘해보겠다."라고 다짐하는 순간 삶은 단순해지고 부담은 줄어들며 집중력은 극대화됩니다. 그리고 그 작은 성취가 쌓이면, 결국 더 큰 변화를 만들어냅니다.

> "내게 특별한 재능이 있었던 것이 아니라
> 단 하나의 목표를 계속해서 실천했을 뿐이다."

　세계적인 만화 〈피너츠〉의 창작자인 미국의 만화가 찰스 슐츠는 어린 시절, 미술 경연 대회에서 낙방하는 등 여러 번의 실패를 경험했습니다. 하지만 그는 좌절하지 않았습니다. 그는 하루에 단 하나의 그림만 완성하겠다고 다짐하며 매일 꾸준히 만화를 그리기 시작했습니다. 처음에는 작은 스케치로 시작했지만, 하루하루 쌓여간 노력은 결국 전 세계적으로 사랑받는 캐릭터, 스누피와 찰리 브라운을 탄생시키는 원동력이 되었습니다. 결국 한 번의 목표를 끝까지 해내는 힘이 그의 평생을 바꿔 놓은 것입니다.

여러 가지를 동시에 하려 하면 오히려 산만해지지만, 그 하나의 목표에 집중하면 저절로 거기에 몰입할 수 있습니다. 그리고 작은 성취가 점점 쌓이며 자신감이 생기게 됩니다. 하루에 하나씩 목표를 달성하면, 꾸준한 성취감이 쌓여 더 큰 목표도 이루어낼 수 있습니다. 해야 할 일의 목록이 늘어날수록 압박감이 커지지만, 단 하나만 신경 쓰면 부담이 줄어들고 여유도 생깁니다.

 **〈오늘 단 하나의 목표〉로 변화를 만들기**

1. 오늘 하루 반드시 이루고 싶은 단 하나의 목표를 정한다.
2. 여러 목표에 욕심내지 말고 가장 중요한 것에 집중한다.
3. 하나의 목표에만 몰입해 작은 성취를 확실히 경험한다.
4. 목표를 완료한 후 그 성취감을 충분히 느끼며 동기를 부여한다.
5. 하루 하나의 목표를 지속적으로 실천해 더 큰 변화로 확장한다.

단 하나의 목표도 꾸준히 쌓이면 인생을 변화시키는 힘이 되며 작은 실천이 위대한 변화를 만듭니다. 매일 조금씩 목표를 향해 나아가다 보면 어느 순간 그 목표는 단순한 꿈이 아니라 현실로 다가오게 됩니다.

## 08
# 단 하나의 계획이
# 시간 관리의 시작점

 우리는 누구나 하루 24시간을 공평하게 맞이하지만, 그 시간을 어떻게 사용하는지는 각자가 다릅니다. 어떤 사람은 같은 시간을 효과적으로 활용해 원하는 목표를 이루고, 어떤 사람은 하루를 정신없이 보내고도 제대로 이룬 것이 없다고 느낍니다.

 시간을 관리하는 능력은 타고나는 것이 아니라, 하나의 명확한 계획에서 시작됩니다. 계획이 없으면 하루는 흘러가는 대로 소비될 뿐입니다. 급한 일에 쫓기고 해야 할 일을 미루다 보면 시간이 어디로 갔는지조차 알 수 없습니다. 하지만 단 하나의 계획만 세워도 시간의 흐름을 스스로 통제할 수 있습니다.

 "시간을 관리하지 않으면, 시간에 지배당하게 된다."

 미국의 정치가이자 과학자인 벤저민 프랭클린은 철저한 시간 관리로 유명했습니다. 그는 젊은 시절부터 매일 아침 하루의 계획을 세우는 습관을 가졌습니다. 그의 일정표에는 다음과 같은 질문이 있었습니다. "오늘 나는 무엇을 성취할 것인가?" 그는 아침에 하루의 목표를 정하고, 저녁에는 "오늘 나는 무엇을 배웠는가?"라는 질문을 통해 하루를 점검했습니다.

이 작은 습관 하나가 그의 인생을 바꿨고 그는 정치, 과학, 문학 등 여러 분야에서 위대한 업적을 남길 수 있었습니다. 결과적으로 그의 하루를 계획하는 습관은 삶의 방향을 스스로 결정하는 강력한 도구가 되었습니다.

계획이 없으면 시간이 사라집니다. 하루를 계획하지 않으면 예상치 못한 일들에 시간을 빼앗기게 됩니다. 때문에 계획을 세우게 되면 해야 할 일이 많아도 우선순위를 정할 수 있습니다. 계획은 실행력을 높여주는 역할을 합니다.

목표를 명확하게 정하면 집중력이 생기고 불필요한 일에 시간을 허비하지 않습니다. 그리고 계획을 실천할수록 성취감이 쌓여 더 많은 일을 해낼 수 있습니다. 결과적으로 계획이라는 것은 시간을 내 편으로 만들어 줍니다.

하루의 흐름을 미리 정하면 시간이 부족하다는 느낌이 줄어들고 계획이 있을 때 시간을 주도적으로 사용할 수 있습니다.

###  〈하나의 계획〉으로 시간을 효과적으로 관리하기

1. 하루를 시작하기 전에 하나의 명확한 계획을 세운다.
2. 우선순위를 정해 가장 중요한 일부터 실행한다.
3. 계획에 따라 시간을 구체적으로 분배하며 흐름을 관리한다.
4. 계획을 점검하고 실천한 내용에 대해 하루를 마무리하며 피드백한다.
5. 오늘 실행한 계획을 참고해서 작은 계획이라도 꾸준히 실천하며 시간 관리 습관을 형성한다.

> 시간은 흐르는 것이 아니라 사용하는 것이며 계획이 곧 방향이 됩니다. 계획을 세우는 순간, 우리는 하루의 흐름을 자신이 원하는 방향으로 이끌 수 있습니다. 그 계획이 실천으로 이어질 때, 하루가 더 의미 있고 생산적으로 변하게 됩니다.

## 09

## 1년을 바꾼
## 단 하루의 경험

　우리는 흔히 인생을 변화시키는 것은 오랜 시간의 노력이나 거대한 사건이라고 생각합니다. 하지만 때로는 단 하루의 경험이 우리의 시야를 넓히고 사고방식을 바꾸며 새로운 삶의 방향을 결정하는 전환점이 되기도 합니다. 어떤 날은 평범하게 지나가지만, 어떤 날은 인생의 흐름을 완전히 바꿔 놓기도 합니다.

> "그날 기차에서 떠오른 영감을 잊지 않고 붙잡았던 것이
> 내 인생을 바꾸었다"

　해리 포터 시리즈의 작가 J.K. 롤링은 한때 절망적인 상황에 놓여 있었습니다. 젊은 나이에 이혼을 겪고, 어린 딸을 홀로 키우며 극심한 생활고에 시달렸습니다. 그녀는 경제적인 어려움뿐만 아니라, 깊은 우울감 속에서 하루하루를 버티고 있었습니다.
　하지만 그녀의 인생을 바꾼 단 하루가 있었습니다. 런던에서 맨체스터로 향하는 기차 안에서 문득 떠오른 아이디어가 있었습니다.

"어떤 어린 소년이 마법 학교에 가는 이야기를 써 보면 어떨까?"

그날 이후, 그녀는 그 순간 떠올린 이야기를 놓지 않았습니다. 조금씩 메모를 하기 시작했고, 결국 이 작은 영감이 세계적인 베스트셀러 '해리 포터' 시리즈로 이어졌습니다.

만약 그날 그녀가 그 아이디어를 그냥 흘려보냈다면 해리 포터는 존재하지 않았을지도 모릅니다. 그녀에게는 단 하루의 생각이었지만 결과적으로 그 하루는 1년, 아니 인생 전체를 바꾸는 계기가 되었습니다.

단 하루가 1년을 바꾸는 이유에는 여러 가지가 있습니다.

일단 새로운 경험은 생각을 바꾼다는 것이 그 첫째입니다. 매일 똑같은 일상을 살다 보면 변화의 가능성을 인식하지 못합니다. 하지만 하루의 특별한 경험이 우리의 사고방식을 확장시키고 새로운 기회를 발견하게 합니다.

두 번째는 단 하루의 도전이 방향을 결정한다는 것입니다. 한 번의 여행, 한 번의 만남, 한 번의 글쓰기, 한 번의 도전이 우리의 미래를 바꿀 수도 있습니다. 가끔은 '해볼까?' 하는 작은 행동이 예상하지 못한 결과를 만들어냅니다.

마지막으로는 작은 선택이 장기적인 변화를 만든다는 것입니다. 하루의 경험이 계기가 되어 새로운 목표를 설정하면 그 하루는 1년 이상의 영향을 미칩니다.

##  〈1년을 바꾸는 단 하루의 경험〉 만들기

1. 새로운 경험에 두려움보다 호기심을 가지고 적극적으로 참여한다.
2. 평범한 하루 속에서도 떠오르는 영감을 소중히 기록한다.
3. 예상치 못한 기회를 발견하면 주저하지 말고 바로 행동으로 옮긴다.
4. 짧은 경험이라도 깊이 몰입해 특별한 깨달음을 얻는다.
5. 단 하루의 작은 선택이 큰 변화를 가져올 수 있음을 믿는다.

> 단 하루의 경험이 미래를 바꿀 수 있다는 것을 아시나요? 평범한 하루 속에서 특별함을 찾는 사람만이 인생을 새롭게 쓸 기회를 얻습니다. 매일의 일상이 기회로 가득 차 있으며 그 순간들을 어떻게 활용하느냐가 결국 우리의 미래를 형성합니다.

## 10
## 시간을 낭비하지 않게 만드는 하나의 질문

시간은 누구에게나 공평하게 주어지지만, 그것을 어떻게 사용하는지는 각자의 선택에 달려 있습니다. 어떤 사람은 같은 시간을 활용해 큰 성과를 이루고 어떤 사람은 하루를 의미 없이 흘려보내기도 합니다.

시간을 낭비하지 않기 위해서는 스스로에게 던지는 단 하나의 질문이 필요합니다. "지금 내가 하는 일이 내 목표에 가까워지게 하는가?" 이 질문은 단순하지만 강력합니다.

우리는 종종 습관적으로 스마트폰을 확인하고, TV를 보거나 불필요한 걱정에 시간을 소비합니다. 하지만 이 질문을 스스로에게 던지는 순간, 지금 하고 있는 일이 진정으로 가치 있는지 스스로 점검하게 됩니다.

세계적인 피아니스트이자 교육자인 백건우는 어린 시절부터 시간을 어떻게 활용할 것인지에 대해 철저히 고민한 인물입니다. 그는 유학 시절 주변 친구들이 자유 시간을 즐길 때도 하루 10시간 이상

피아노 연습을 했습니다. 하지만 단순히 오래 연습하는 것이 아니라 연습의 질을 높이는 것이 중요하다는 것을 깨달았습니다.

그는 매 순간 "지금 이 연습이 내 음악을 더 나아지게 하는가?"라는 질문을 스스로에게 던졌습니다. 이를 통해 효율적인 연습 방법을 찾고, 불필요한 시간 낭비를 줄이며 자신만의 음악적 깊이를 만들어 갔습니다. 결국 그는 한국을 대표하는 피아니스트로 성장했고, 지금도 무대 위에서 최고의 연주를 선보이고 있습니다.

"지금 내가 하는 일이 내 목표에 가까워지게 하는가?"라는 질문이 시간을 낭비하지 않도록 돕습니다. 그 이유는 해야 할 일이 많을 때 이 질문을 던지면 가장 중요한 일에 집중할 수 있기 때문입니다. 그리고 질문을 통해서 불필요한 일에 시간을 빼앗기지 않고, 의미 있는 활동을 선택하기 때문입니다.

우리는 때때로 해야 할 일을 알면서도 미루는 경우가 많습니다. 그런 때 질문은 우리의 즉각적인 행동을 유도합니다. "이 일이 목표에 도움이 되는가?"라고 스스로에게 묻는 순간, 즉시 행동할 동기가 생기는 것입니다. 자신에게 질문을 반복할수록 습관적으로 시간을 가치 있게 사용하게 됩니다.

**〈시간을 낭비하지 않게 만드는 질문〉 활용하기**

1. 하루를 시작할 때 "내가 오늘 해야 할 가장 중요한 일은 무엇인가?"라고 스스로에게 묻는다.
2. 지금 하는 일이 목표와 관련 있는지 끊임없이 점검한다.
3. 불필요한 활동이 발견되면 과감히 중단하고 우선순위를 다시 설정한다.
4. 시간을 낭비하는 습관을 파악하고 효율적인 대안으로 바꾼다.
5. 이 질문을 반복하며 가치 있는 일에 시간을 집중하는 습관을 형성한다.

> "지금 내가 하는 일이 내 목표에 가까워지게 하는가?"라는 질문 하나가 인생의 방향을 바꿀 수 있습니다. 이 질문은 매 순간 우리가 하는 일의 중요성과 의미를 되돌아보게 하며 목표와 현실 사이의 간격을 좁히는 중요한 이정표가 됩니다.

## 11
## 1초의 침묵이 전하는 메시지

우리는 말로 소통하는 시대에 살고 있습니다. 사람들은 끊임없이 대화를 이어가며 자신의 의견을 전달하고 때로는 목소리를 높이며 감정을 표출합니다. 하지만 진정한 소통은 말이 아닌 침묵에서 시작될 때가 많습니다. 1초의 침묵이 전하는 힘은 예상보다 훨씬 강력합니다. 대화의 흐름 속에서 짧은 침묵은 상대의 마음을 열게 하고 감정을 전달하는 중요한 신호가 됩니다.

1962년, 미국의 대통령 존 F. 케네디는 쿠바 미사일 위기 당시 전 세계가 주목하는 연설을 준비하고 있었습니다. 전쟁의 위기가 고조되던 상황에서 그는 극도로 신중해야 했습니다.

연설이 시작된 후 케네디는 준비한 첫 문장을 마친 뒤 일부러 1초간 침묵했습니다. 그 순간은 짧았지만, 사람들에게 긴장감을 전달하고 그의 메시지에 귀 기울이게 만드는 강력한 효과를 가져왔습니다. 이후 그는 차분하지만, 단호한 어조로 메시지를 이어갔고 이 연설은 위기를 평화적으로 해결하는 데 중요한 역할을 했습니다.

1초의 침묵이 사람들의 이목을 집중시키고 메시지를 더욱 강렬하게 만든 것입니다.

소통은 말이 아니라 침묵에서 시작될 때가 많습니다. 케네디 대통령이 연설에서 보여준 1초의 침묵처럼 짧은 순간의 멈춤은 메시지를 더욱 강렬하게 만들고 상대의 마음을 여는 힘을 가집니다. 침묵은 단순한 공백이 아니라 감정을 전달하고 신뢰를 형성하는 중요한 도구가 됩니다.

때로는 말보다 침묵이 더 깊은 울림을 줄 수 있습니다. 적절한 침묵을 선택하는 것이야말로 가장 강력한 소통의 방식입니다.

##  〈1초의 침묵〉이 주는 힘

1. 침묵은 말과 말 사이에서 생각을 정리할 시간을 제공한다. 즉각적인 반응 대신 잠시 멈추면 더 신중하고 명확한 답을 할 수 있다.
2. 화가 날 때 1초간 침묵하는 것만으로도 감정을 조절할 수 있다. 충동적인 말 대신 차분한 태도로 대화를 이어가면 갈등을 예방할 수 있다.
3. 상대방의 이야기를 듣고 잠시 멈추는 침묵은 "내가 너의 말을 진심으로 듣고 있다"는 메시지를 전한다. 말로 표현하기 어려운 감정도 침묵 속에서 전달될 수 있다.

4. 중요한 이야기를 할 때, 짧은 침묵은 메시지의 무게를 더한다. 침묵이 뒤따른 말은 더욱 강렬하게 상대의 마음에 남는다.
5. 즉각적인 반응 대신 잠시 멈추면 더 넓은 시각에서 상황을 바라볼 수 있고 이는 현명한 결정을 내리는 데 도움을 준다.

> 말보다 더 깊은 메시지를 전할 때 우리는 침묵의 힘을 활용할 수 있고 1초의 침묵은 단순한 정적이 아니라 생각, 감정, 신뢰를 전달하는 강력한 도구입니다. 침묵은 우리가 말로 표현할 수 없는 진심과 깊이를 전하는 수단이 됩니다. 그 순간의 고요함 속에서 상대방은 더 많은 것을 느끼고 이해하게 되며 때로는 말보다 더 강력하게 소통할 수 있습니다.

## 시간 속에서 발견하는 삶의 진리

앞서 말했듯 시간은 누구에게나 평등하게 주어진다. 하지만 그 시간을 어떻게 활용하는가는 사람마다 다르다. 하루를 통해 커다란 성취를 이루는 사람이 있는가 하면, 어떤 이는 의미 없이 하루를 소비하기도 한다. 제1부 "1로 바라본 시간과 삶"에서 이야기하는 것은 단순한 시간 관리 방법이 아니다. 그것은 시간 속에서 내가 살아가는 삶을 어떻게 바라볼 것인가에 대한 근본적인 태도를 이야기하며 우리가 선택하는 작고 사소한 결정 하나하나가 미래를 어떻게 바꿀 수 있는지를 깊이 생각할 수 있는 기회를 제공하는 과정이다.

시간은 흐르지만, 그것을 어떻게 채울지는 우리의 선택에 달려 있다. 하루 1분의 명상이 마음을 변화시키고 단 하나의 집중이 위대한 창조를 이끌며 1초의 침묵이 더욱 깊은 소통을 만들어낸다. 이것은 단순한 습관의 변화가 아니라 시간을 대하는 태도의 변화이다. 우리는 하루를 어떻게 보내느냐에 따라 우리의 인생이 각기 다르게 결정된다. 하지만 빠르게 지나가는 하루 속에서 우리는 얼마나 자주 지금 이 순간을 온전히 인식하며 살아가고 있을까? 과거의 후회와 미래의 불안을 걱정하며 정작 살아가고 있는 현재를 놓치고 있지는 않을까?

우리는 충분한 시간을 가지고 있다. 이는 이 책을 쓰고 있는 나도, 지금 이 책을 읽고 있는 여러분도 이미 알고 있는 사실이다. 하지만 앞서 말했듯이 중요한 것은 그 시간을 어떻게 사용하느냐이다. 세계적인 거장들은 하루라는 시간 속에서 작은 습관을 통해 자신만의 길을 만들어 갔다. 벤저민 프랭클린은 매일 아침 스스로에게 "오늘 나는 무엇을 성취할 것인가?"라는 질문을 던지며 하루를 시작했고 나폴레옹 힐은 매일 같은 노력을 반복하며 꾸준함 속에서 성공을 이루었다. 이들은 시간을 단순히 흘려보낸 것이 아니라 미래를 설계하는 가장 강력한 도구로 삼았다.

제1부에서 다루는 다양한 이야기들은 한 가지 공통된 메시지를 전달한다.

## "지금 이 순간을 붙잡아라."

단 1초의 선택이 여러분의 인생을 완전히 바꿀 수도 있다. 오늘 하루 단 한 가지만이라도 제대로 해낸다면 그것이 차곡차곡 쌓여서 결국 매우 큰 변화를 만들어낼 것이다. 삶을 변화시키는 것은 거대한 결심이 아니다. 지금, 이 순간 단 하나의 행동이 여러분의 삶에 큰 전환점이 될 수 있다.

시간을 어떻게 채우느냐는 우리에게 주어진 인생의 과제이다. 오늘도 여러분에게는 24시간이 주어졌다. 그것을 의미 있는 순간으로 만들 것인지 그저 흘러가도록 둘 것인지는 오직 여러분의 선택에 달려 있다.

> "여러분은 지금 어떤 선택을 할 것인가?
> 그 선택이 미래를 결정할 수도 있다."

Chapter 2

# 1의 힘을
## 발견하다

당신의 성공은
하루아침에 만들어지지 않는다.
작은 습관이 쌓여
인생을 변화시킨다.

- 대런 하디 -

## 01
## 1분으로 달라질 수 있는 것들

    1분은 얼마나 짧은 시간일까요? 커피 한 잔을 내리기도 부족한 시간이며, 신호등을 기다리며 지나가는 순간에 불과합니다. 하지만 이 짧은 시간이 삶의 전환점이 되기도 합니다. 단 한 번의 짧은 순간이 누군가에게는 새로운 방향을 제시하는 기회가 됩니다.

    1986년, 의사로 일하던 안철수는 병원에서 자신의 컴퓨터가 바이러스에 감염된 것을 발견했습니다. 그는 잠시 고민했습니다. "이 바이러스를 제거할 방법은 없을까?" 이 짧은 고민이 그의 인생을 바꾼 전환점이 되었습니다. 의학이 아닌 정보보안이라는 새로운 길을 선택한 그는 V3 백신 소프트웨어를 개발하며 한국의 대표적 IT 전문가로 성장했습니다.

    만약 그 짧은 고민이 없었다면, 그는 여전히 단순히 의사로만 기억되었을지도 모릅니다. 이처럼 단 1분의 생각과 행동이 새로운 가능성을 열어줍니다. 작은 행동은 티가 나지 않을 수도 있지만, 그것이 반복되면 큰 변화를 만듭니다.

우리는 종종 중요한 선택을 앞두고 망설입니다. '지금, 이 결정을 해도 괜찮을까?'라는 두려움이 발목을 잡기도 합니다. 하지만 모든 위대한 변화는 사소한 선택에서 시작됩니다. 선택은 옳고 그름의 문제가 아니라, 그것이 우리에게 어떤 배움을 주고 어떤 길로 이끌어 가는지가 중요합니다.

때로는 아주 짧은 순간에 내린 결정이 삶의 흐름을 바꿉니다. 중요한 것은 주어진 기회를 인지하고 그것을 실행할 용기를 가지는 것입니다. 인생의 전환점은 거창한 결심에서 오는 것이 아니라, 짧은 생각과 행동의 연속에서 만들어집니다. 오늘 당신이 내리는 작은 선택이, 내일의 커다란 변화를 만들어낼지도 모릅니다.

###  〈1분〉으로 달라질 수 있는 것들

1. 아침에 1분 동안 '오늘 내가 이루고 싶은 것은 무엇인가?'를 생각한다.
2. 가족, 친구, 동료에게 "수고했어." "고마워." 같은 짧은 말로 따뜻함을 전한다.
3. 1분 동안 심호흡하거나 스트레칭을 한다.
4. 떠오르는 생각을 메모하거나 책 한 쪽을 읽는다.
5. 미루던 일에 1분만 투자해 시작한다.

1분의 행동이 쌓이면 하루와 미래는 완전히 다른 모습이 될 수 있습니다. 모든 큰 변화는 작은 시작에서 비롯됩니다. 지금, 이 순간 그 작은 시작이 모여 내일을 그리고 미래를 바꾸는 힘이 될 것입니다.

## 02
## 하나의 선택이 만든 인생의 분기점

삶은 수많은 선택으로 이루어져 있습니다. 그중 어떤 선택은 사소해 보이지만, 나중에 돌아보면 인생의 방향을 완전히 바꾸는 결정적 분기점이 되기도 합니다. 하나의 선택이 지금의 나를 만들었고 앞으로의 삶을 결정하게 될지도 모릅니다.

1997년 여름, 평범한 대학생이었던 최현우는 학비를 벌기 위해 우연히 선택한 아르바이트 자리가 그의 인생을 바꾸는 전환점이 되었습니다.

처음에는 단순히 마술 공연 보조로 시작한 일이었지만, 공연 속 작은 마술 트릭 하나가 그를 사로잡았습니다. 그는 점차 마술의 매력에 빠졌고, 이후 본격적으로 마술을 배우기 시작했습니다. 결국 최현우는 대한민국을 대표하는 마술사로 성장하게 되었습니다. 만약 그가 아르바이트를 다른 곳에서 선택했다면, 그의 삶은 완전히 다른 방향으로 흘러갔을지도 모릅니다.

이처럼 하나의 선택은 새로운 가능성을 열어주기도 하지만, 때로는 기회를 놓치게 만들기도 합니다. 많은 사람들이 중요한 선택의 순간에 '이 선택이 틀리면 어쩌지?'라는 두려움에 갇혀 현재에 머물기를 선택합니다. 그러나 선택의 진짜 가치는 옳고 그름이 아니라, 그 선택이 우리를 어디로 이끌고 가며, 무엇을 배우게 하느냐에 있습니다.

 **〈하나의 선택〉을 분기점으로 만들기**

1. "이 선택이 나의 성장을 이끌 것인가?"라는 질문을 던진다.
2. 모든 선택에 완벽한 답을 기대하지 않는다.
3. 새로운 가능성을 열어주는 선택을 우선한다.
4. 두려움이 느껴질 때 그것이 중요한 신호일 수 있음을 기억한다.
5. 부정적 결과를 과도하게 예측하지 않는다.

> 하나의 선택은 인생을 변화시키는 출발점이 될 수 있습니다. 그 선택의 순간은 생각보다 자주 찾아옵니다. 어떤 길을 선택하든, 그 길이 당신만의 이야기를 만들어갈 것입니다.

## 03
## 작은 차이, 큰 결과, 「1도의 기적」

1도. 숫자로 보면 매우 작은 차이처럼 보이지만, 이 1도의 차이는 상상 이상의 변화를 가져올 수 있습니다. 천체 관측, 항해, 건축, 역사적 사건에서도 1도의 차이가 거대한 결과로 이어진 사례는 무수히 많습니다.

이탈리아 피사의 사탑은 원래 수직으로 지어질 계획이었습니다. 1173년에 건축이 시작되었을 때 설계자들은 완벽한 종탑을 목표로 했지만, 기초 지반이 약해지며 3층이 올라가는 시점에서 탑이 서서히 기울기 시작했습니다. 초기에는 불과 1도 미만의 기울기였지만, 시간이 지나며 4도 이상으로 기울어지면서 붕괴 위기에 처했습니다. 이후 여러 차례의 보수 작업을 통해 기울기는 현재 약 3.97도로 유지되었으며, 그 독특한 기울기로 세계적인 관광 명소가 되었습니다.

천문학과 항해에서도 1도의 각도 차이가 엄청난 위치 변화를 초래합니다. 지구는 하루에 약 360도 자전하며, 1도는 약 111km에

해당합니다. 항해사가 출발 지점에서 1도만 틀어진 경로로 항해하면 최종 목적지는 수백 킬로미터 이상 벗어날 수 있습니다. 이처럼 작은 차이가 예상치 못한 결과로 이어지는 순간은 물리적 현상뿐 아니라 우리의 삶에도 적용됩니다.

 **〈1도 차이〉를 실천하기**

1. 초기 방향을 정확히 설정한다.
2. 작은 변화라도 꾸준히 반복한다.
3. 단기 성과에 집착하지 않고 장기적 관점을 유지한다.
4. 변화의 과정을 기록하며 점진적 개선을 시도한다.
5. 작은 문제도 지나치지 않고 바로잡는다.

> 작은 1도의 차이는 곧 삶을 변화시키는 출발점이 될 수 있습니다. 지속적인 작은 변화가 쌓이면 어느새 새로운 가능성의 문이 열립니다. 그 결과는 시간이 지날수록 더욱 분명해집니다.

## 04
## 매일 한 걸음, 「꾸준함의 가치」

우리는 목표를 향해 나아갈 때 종종 눈에 보이는 큰 성과를 기대합니다. 하지만 위대한 성취는 하루아침에 이루어지지 않습니다. 높은 산을 오를 때 중요한 것은 한 걸음의 크기가 아니라 멈추지 않고 앞으로 나아가는 것입니다. 작은 걸음은 미약해 보일 수 있지만, 그 걸음들이 쌓이면 결국 정상에 도달합니다.

일본의 소설가 무라카미 하루키는 매일 일정한 양의 글을 쓰는 습관으로 세계적인 작가가 되었습니다. 그는 소설 집필을 시작할 때부터 매일 원고지 10매 분량의 글을 쓰는 규칙을 정하고 수십 년간 멈추지 않았습니다. 창작 과정이 지루하고 고통스러울 때도 있었지만, 그는 이렇게 말했습니다. "작가의 성공은 한 번의 영감이 아니라, 매일 조금씩 써 내려간 글이 쌓여 만들어지는 것이다." 그의 꾸준함은 『노르웨이의 숲』, 『1Q84』 같은 명작을 탄생시켰습니다.

꾸준함은 단순히 행동을 반복하는 것이 아닙니다. 자신과의 약속을 지키고, 어려운 순간에도 멈추지 않는 의지의 표현입니다. 하루의 작은 걸음이 쌓여 한 달, 1년, 그리고 평생의 변화를 만들어냅니다. 처음에는 미미해 보일지라도 지속적인 노력은 예상하지 못한 성과로 돌아옵니다.

 **〈꾸준함〉을 실천하는 방법**

1. 복잡한 계획보다 단순한 일과로 꾸준히 반복가능한 환경을 만든다.
2. 꾸준한 과정 속에서 소소한 재미를 발견하며 행동계기를 마련한다.
3. 꾸준함이 끊어진 이유를 기록하고 개선할 방법을 모색한다.
4. 같은 행동이라도 방식이나 환경에 변화를 주어 지루함을 줄인다.
5. 자신이 목표로 삼는 분야의 꾸준함이 만든 성공 사례를 연구하고 적용한다.

> 꾸준함은 작은 행동을 위대한 성취로 변화시킵니다. 지금의 작은 걸음이 미래의 큰 변화를 이끌 수 있습니다. 하루 한 걸음씩 내디딘 그 길이 어느새 전혀 다른 세계로 이어질지도 모릅니다.

## 05

## 하나가 부족할 때의 치명적 결과

우리는 종종 사소한 하나의 부재가 큰 영향을 미칠 수 있다는 사실을 간과합니다. 모든 것이 완벽해 보일지라도 단 하나가 부족할 때 전체 시스템이 무너질 수 있습니다. 역사와 과학, 그리고 우리의 일상 속에서 하나의 작은 결핍이 치명적인 결과를 초래한 사례는 무수히 많습니다.

1986년, 우주왕복선 챌린저호 폭발 사고는 단 하나의 작은 부품 결함이 불러온 비극적인 사건입니다. 발사 당시 온도가 급격히 낮아지면서 고체 로켓 부스터의 O-링(O-ring) 고무 패킹이 제대로 작동하지 않았습니다. 이로 인해 연료가 새어 나왔고, 작은 결함이 결국 챌린저호를 폭발시켜 탑승자 전원이 목숨을 잃는 참사로 이어졌습니다. 작은 고무 패킹 하나가 우주 탐사의 성공과 실패를 좌우했던 것입니다.

이처럼 하나의 부재는 삶과 죽음을 결정짓는 순간을 만들기도 합니다. 우리의 일상에서도 사소해 보이는 하나의 실수, 하나의 준비 부족이 예상치 못한 결과를 초래할 수 있습니다. 회사에서 놓친 작은 보고서 하나가 프로젝트 전체의 실패로 이어지거나 건강 관리에서 빠뜨린 작은 요소가 큰 병으로 발전할 수도 있습니다.

 **〈하나가 부족할 때〉를 대비하기**

1. 세부적인 점검 습관을 들인다.
2. 전체 과정에서 가장 중요한 요소를 우선 관리한다.
3. 사소한 문제라도 즉시 해결한다.
4. 위험 요인을 주기적으로 검토한다.
5. 필요한 부분에 예비 조치를 한다.

> 작은 부재 하나가 전체를 흔들 수 있다는 점을 잊지 않아야 합니다. 결국 작은 것들이 모여 전체를 이루며, 그 하나의 결여가 모든 균형을 무너뜨릴 수 있습니다. 부족한 하나를 미리 대비하는 것이 큰 실패를 막는 시작점이 됩니다.

## 06
## 시작은 하나로부터, 「첫걸음의 중요성」

모든 변화와 성취는 단 하나의 첫걸음에서 시작됩니다. 아무리 멀리 있는 목적지라도 출발하지 않으면 도달할 수 없고, 아무리 높은 산도 한 걸음을 내딛지 않으면 결코 오를 수 없습니다. 첫걸음은 작아 보이지만 그 안에는 새로운 가능성과 잠재력이 담겨 있습니다.

1965년, 패션 디자이너 랄프 로렌은 작은 넥타이 판매 사업으로 첫걸음을 내디뎠습니다. 당시 그는 유명한 디자이너도 아니었고 자본도 거의 없었습니다. 하지만 넥타이 디자인에 대한 독특한 감각을 믿고 직접 판매를 시작했습니다. 그의 첫 상품은 완벽하지 않았고, 몇몇 상점에서는 외면당하기도 했습니다. 그러나 포기하지 않고 계속 시도한 그의 작은 첫걸음은 오늘날 전 세계적으로 사랑받는 '폴로 랄프 로렌(Polo Ralph Lauren)' 브랜드의 시작이 되었습니다.

반면 많은 사람들이 완벽한 순간을 기다리겠다는 이유로 첫걸음을 미루곤 합니다. 하지만 완벽한 순간은 존재하지 않습니다. 첫걸음은 언제나 불완전하고 서툽니다. 그것이 첫걸음의 본질입니다. 중요한 것은 그 불안과 걱정을 넘어서 발을 내딛는 용기입니다. 첫걸음은 완성을 보장하지 않지만, 아무것도 하지 않는 것보다 수백 배를 앞서는 더 나은 결과를 가져옵니다.

 **〈첫걸음〉 내딛기**

1. 너무 큰 목표 대신 지금 할 수 있는 작은 행동부터 시작한다.
2. 첫걸음에서 완벽함을 기대하지 않고 과정에서 배운다.
3. 실패하더라도 두려워하지 않고 다음 걸음으로 이어간다.
4. 새로운 시도에 열린 마음을 갖는다.
5. 주변의 작은 변화에 주목하며 방향을 조정한다.

> 첫걸음은 모든 가능성의 문을 여는 열쇠입니다. 비록 불완전하고 서툴더라도 그 시작이 미래를 바꾸는 출발점이 될 수 있습니다. 두려워하지 말고 처음의 불완전함을 받아들이며 나아가면, 그 길 끝에서 더 나은 자신을 만날 수 있습니다.

## 07
## 1시간 집중으로 얻는 하루의 기적

우리는 하루 24시간을 가지고 있지만, 진정으로 온전히 집중하는 시간은 얼마나 될까요? 분주한 업무, 끊임없이 울리는 알림, 그리고 끝없이 이어지는 잡생각들이 우리의 시간을 끊임없이 분산시킵니다. 그러나 단 1시간, 방해받지 않고 깊이 몰입하는 시간이 주어진다면 그 하루가 얼마나 달라질 수 있을까요?

1987년, 일본의 경제학자 고노스케 마쓰시타는 회사의 위기를 극복하기 위해 '집중의 시간'을 도입했습니다. 그는 하루 중 1시간 동안 모든 회의와 외부 간섭을 차단하고 전략 수립에만 몰두하기로 결심했습니다. 그 시간 동안 새로운 아이디어와 효율적인 경영 방안을 개발했고, 이는 오늘날 세계적인 기업 '파나소닉'의 부흥으로 이어졌습니다. 단 1시간의 깊이 있는 집중이 회사의 위기를 극복하고 새로운 도약을 이끄는 열쇠가 된 것입니다.

1시간의 집중은 단순히 시간을 보내는 것이 아닙니다. 그것은 한 가지 목표에 온전히 몰입하는 것입니다. 짧은 시간 몰입이 며칠간 산만하게 일하는 것보다 훨씬 더 많은 성과를 가져옵니다. 베를린대학교의 연구에 따르면, 산만한 상태에서 다시 집중하기까지 평균 23분 15초가 소요된다고 합니다. 하루 중 단 1시간만 완전한 집중 상태를 유지하면 하루 전체의 생산성을 비약적으로 높일 수 있습니다.

 **〈1시간 집중〉 실천하기**

1. 휴대폰 알림을 끄고 조용한 공간에서 작업한다.
2. 명확한 목표 설정으로 몰입을, 강화한다.
3. 1시간 집중 후 짧은 휴식을 반복한다.
4. 매일 같은 시간에 집중 습관을 형성한다.
5. 성취한 내용을 기록하며 동기부여를 강화한다.

> 1시간의 깊이 있는 집중은 단순한 성취를 넘어 뇌의 활동을 자극하고 에너지를 재충전하는 강력한 힘이 있습니다. 이 1시간은 하루 전체를 효율적이고 의미 있게 변화시킬 수 있는 출발점이 됩니다.

## 08
## 하나의 목표가 만드는 명확한 삶

어디로 가야 할지 모르는 배는 결국 바다 위에서 표류하게 됩니다. 우리의 인생도 목표가 없다면 방향을 잃고 흔들리기 쉽습니다. 반면, 명확한 하나의 목표는 삶을 단순하고 명료하게 만들어 우리가 가장 중요한 것에 집중할 수 있도록 이끌어줍니다.

"나는 30살이 되기 전에 반드시 세계 최고가 되겠다."

한국의 축구 선수 박지성은 어린 시절부터 명확한 목표를 가지고 있었습니다. 체격이 작고 평발이라는 약점이 있었지만, 그는 이를 극복하기 위해 끊임없는 체력 훈련과 전술 분석을 반복했습니다. 박지성의 목표는 단순했습니다. "유럽 무대에서 성공하는 것." 그는 목표를 이루기 위해 일본 프로 무대로 진출했고, 이후 네덜란드 PSV 아인트호벤을 거쳐 세계적인 명문팀 맨체스터 유나이티드에 입단했습니다.

수많은 한국 선수들이 유럽 무대에 도전했지만, 그중에서 특히

박지성이 성공할 수 있었던 가장 큰 이유는 하나의 목표에 집중하고, 불필요한 것들을 내려놓았기 때문입니다.

목표가 없으면 우리는 쉽게 다른 사람의 기준에 맞춰 살아 가거나 매 순간 선택의 혼란을 느낍니다. 하지만 하나의 목표가 있다면 해야 할 일과 하지 말아야 할 일이 자연스럽게 구분됩니다. 복잡했던 삶이 단순해지고 에너지가 필요한 곳에 집중될 수 있습니다.

 **〈명확한 목표〉 갖기**

1. 여러 목표 중 가장 가치 있는 하나를 선택한다.
2. 목표를 구체적으로 적고 시각화한다.
3. 목표와 관련 없는 요소는 줄이고 필요한 것에 에너지를 집중한다.
4. 진행 과정을 주기적으로 점검하고 조정한다.
5. 작은 성취를 기록하며 동기를 부여한다.

하나의 목표는 단순히 성공을 위한 도구가 아니라 삶을 가치 있고 의미 있게 만드는 과정입니다. 목표를 향해 나아가는 과정에서 우리는 노력하고 성장하며 더 나은 자신을 발견하게 될 것이고 명확한 목표는 당신의 삶을 더욱 빛나게 만들어 줄 것입니다.

## 09

## 단 하나의 책이 바꾼 인생 이야기

때로는 단 하나의 책이 우리의 인생을 송두리째 바꾸기도 합니다. 책 속의 한 문장, 한 단락이 우리의 발걸음을 멈추게 하고, 새로운 길을 발견하게 만드는 순간이 있습니다.

1949년, 미국 유타주에서 젊은 시절의 스티븐 코비는 우연히 『신념의 기적』을 통해 인생의 전환점을 맞았습니다. 당시 그는 평범한 교사로 일하며 자신의 삶에 대해 깊은 고민을 하고 있었습니다. 이 책을 통해 삶의 주도권을 되찾는 방법을 배우고, 자신의 인생철학을 새롭게 정립하기 시작했습니다. 이 경험은 그가 『성공하는 사람들의 7가지 습관』을 집필하고 세계적인 자기 계발 전문가로 성장하는 계기가 되었습니다.

하나의 책이 그의 사고방식을 변화시켰고, 그 변화는 더 많은 사람들에게 긍정적인 영향을 전파하는 출발점이 되었습니다.

책은 조용하지만 강렬한 힘을 가지고 있습니다. 다른 사람의 경험과 지혜가 고스란히 담긴 책은 독자들에게 새로운 관점을 제시하고, 무너진 마음을 다시 세울 용기를 줍니다. 마치 깊은 밤의 등대처럼 인생의 어두운 순간을 비춰주는 역할을 하기도 합니다. 책이 단순한 정보 전달을 넘어 우리의 삶과 대화하는 매개체로 작용하는 이유가 여기에 있습니다.

 **〈단 하나의 책〉 만나기**

1. 소설, 에세이, 철학, 자기계발서 등 다양한 분야의 책을 읽는다.
2. 책을 읽으며 자신의 삶에 적용할 질문을 던진다.
3. 감명받은 문장이나 교훈을 일상에서 실천한다.
4. 다양한 작가와 주제를 경험하며 폭넓은 시각을 키운다.
5. 읽은 책의 인상 깊은 부분을 기록하며 내 삶과 연결한다.

> 단 하나의 책은 때때로 우리의 삶을 송두리째 변화시킵니다. 책 한 권이 세상을 바라보는 시각을 바꾸고 새로운 생각과 아이디어를 불러일으킬 수 있습니다. 그 책은 언제든 당신이 준비되었을 때, 필요한 순간에 찾아올 것입니다.

## 10
## 성공의 첫 번째 습관, 「작은 것부터」

성공은 화려한 도약이나 특별한 재능에서 오는 것처럼 보이지만, 그 시작은 사소하고 작은 행동에서 비롯됩니다. 성공한 사람들의 공통점은 아무리 큰 목표가 있어도 이를 이루기 위해 매일 반복적으로 실천하는 작은 습관을 소중히 여겼다는 것입니다.

1990년대, 미국의 언론인 프랭크 맥키니는 하루 5분 걷는 작은 습관으로 건강을 되찾은 사례로 유명합니다. 그는 건강이 악화된 상황에서도 큰 목표 대신 '매일 5분 걷기'라는 작은 행동을 선택했습니다. 걷기 시간을 조금씩 늘려가며 결국 마라톤에 도전했고, 그의 몸은 건강을 회복했습니다. 이후 암까지 극복한 그는 "작은 습관이 나의 생명을 구했다."라고 말하며 '작은 습관의 힘'을 많은 사람들에게 전파했습니다.

작은 습관은 시간이 지날수록 점진적인 변화를 만들어냅니다. 처음에는 미미해 보일 수 있지만, 꾸준히 반복할 때 결국 목표 달성의 강력한 도구가 됩니다. 반면, 많은 사람들이 큰 목표에 압도되어 시작조차 못하거나 완벽한 순간을 기다리다 좌절하곤 합니다. 그러나 완벽한 순간은 존재하지 않습니다. 가장 완벽한 시작은 지금 작은 행동을 실천하는 것입니다.

 **〈작은 습관〉을 성공으로 발전시키기**

1. 하루 10분 걷기, 매일 아침 명상하기처럼 부담 없는 작은 목표를 설정한다.
2. 성취한 내용을 기록하며 작은 성과를 시각적으로 확인한다.
3. 작은 성취감을 쌓으며 지속할 수 있는 행동을 반복한다.
4. 지루함을 피하기 위해 주기적으로 습관에 변화를 준다.
5. 방해 요소를 제거하고 습관 유지에 도움이 되는 환경을 만든다.

> 작은 습관의 놀라운 점은 시간이 지날수록 그 효과가 기하급수적으로 커진다는 것입니다. 매일 조금씩 쌓아 올린 노력은 눈에 보이는 성과로 돌아오며, 그 성과는 새로운 동기가 되어 더 큰 성공으로 이어집니다.

## 11

# 일상을 바꾸는
# 단 1%의 차이

우리는 종종 인생을 바꿀 거대한 변화를 꿈꿉니다. 완벽한 몸매, 새로운 기술의 완벽한 습득, 인생을 송두리째 바꾸는 결심 같은 것들 말입니다. 하지만 그런 변화는 쉽지 않으며 시작조차 못 한 채 좌절할 때가 많습니다. 반면, 단 1%의 작은 차이는 어떨까요? 그것은 눈에 띄지 않을 만큼 사소해 보이지만, 매일 반복된다면 놀라운 결과를 만들어냅니다.

> "특별한 훈련은 없다. 단지 매일 같은 루틴을 반복할 뿐이다.
> 하지만 그 반복이 나를 만든다."

일본 프로 야구의 전설 이치로 스즈키 선수는 데뷔 초기부터 화려한 재능을 보였던 선수가 아닙니다. 하지만 그는 매일 훈련에서 작은 차이를 만드는 데 집중했습니다. 스윙을 조금 더 정교하게 다듬고, 타격 후 발을 내딛는 각도를 미세하게 조정하며, 매일 정해진 루틴을 철저히 지켰습니다. 그는 하루하루 1%씩 성장하는 데 집중했습니다. 그 결과 통산 4,367개의 안타(일본+MLB 통합 기록)를 기록하며, 야구 역사상 가장 많은 안타를 친 선수 중 한 명이 되었습니다. 단순히 타고난 재능이 아니라, 하루 1%의 차이를 꾸준히 만들어낸 결과였습니다.

수학적으로 설명하자면 매일 1%씩 나아지면 1년 뒤 37배의 성장을 이룹니다. 반대로 매일 1%씩 나태해지면 점점 더 뒤처지게 됩니다. 작은 차이는 처음에는 티가 나지 않지만, 시간이 지날수록 거대한 차이를 만들어냅니다. 이 1%의 변화는 몸뿐 아니라 정신적인 면에서도 동일하게 적용됩니다. 단 1% 더 긍정적으로 생각하고, 1% 더 감사하며, 1% 더 친절해진다면 인간관계와 마음의 평화도 점점 더 깊어집니다.

 **〈일상에서 1%의 변화〉 만들기**

1. 하루 10분 더 걷기, 5분 더 일찍 일어나기, 같은 작은 행동으로 시작하기를 실천한다.
2. 변화의 과정을 기록하며 작은 성과를 눈으로 확인한다.
3. 완벽한 변화를 기대하지 않고 조금씩 나아가는 과정을 즐긴다.
4. 실패해도 다시 시작하며 꾸준함을 유지한다.
5. 변화를 지속할 수 있는 작은 목표로 매주 도전한다.

1%의 변화는 처음에는 미미해 보일 수 있습니다. 그러나 매일 조금씩 이루어지는 변화가 결국 큰 차이를 만들어내며, 그 작은 차이가 시간이 지나면 예상치 못한 결과를 가져다줄 수 있습니다. 중요한 것은 꾸준히 실천하며 그 변화를 이어가는 것입니다.

## 작은 하나가 만드는 강력한 변화

우리는 살아가면서 변화를 원하지만, 그 시작이 막막하게 느껴질 때가 많다. 거대한 목표를 세우고, 인생을 바꿀 결정적인 계기가 오기를 기다리지만, 정작 그런 순간은 좀처럼 찾아오지 않는다. 그러나 진정한 변화는 특별한 계기나 극적인 순간에서 오는 것이 아니다. 변화는 아주 작은 행동 하나에서 시작된다.

어떤 사람은 성공을 꿈꾸면서도 "아직 준비가 안 됐다, 조금 더 배우고 나서 시작해야겠다."며 주저한다. 하지만 인생을 바꾸는 사람들은 거대한 계획을 먼저 세운 것이 아니라, 지금 할 수 있는 단 하나의 행동을 먼저 실천한다. 생각만 하며 기회를 기다리는 사람과 작은 것이라도 실천하는 사람의 차이는 시간이 흐를수록 점점 커지며, 결국 완전히 다른 결과를 만들어낸다.

시작은 작아도 지속되면 강해진다. 어떤 목표든 처음부터 완벽하게 해내려 하면 부담이 커지고 쉽게 지친다. 운동을 결심한 사람이 첫날부터 몇 시간을 뛰려 하면 금방 포기하기 쉽다. 하지만 하루 10

분만 움직이겠다고 정하면 그것은 금방 습관이 되고 자연스럽게 더 많은 시간을 투자하게 된다. 새로운 것을 배우는 것도 마찬가지다. 언어를 배우려면 처음부터 문법과 단어를 완벽하게 익히려 하기보다는 하루에 단어 하나라도 외우는 것이 더 효과적이다.

변화는 '일정한 시간 이후'가 아니라, 지금 당장 할 수 있는 아주 작은 행동에서 시작된다. 많은 사람들이 성공한 사람들을 보면서 "저 사람은 원래 특별한 능력이 있었을 거야"라고 생각하지만, 사실 그들 역시 처음에는 한 번의 작은 행동으로 시작했다. 그리고 그것을 매일 반복하며 습관으로 만들었다.

작은 습관이 쌓이면 결국 인생을 바꾼다. 습관은 행동을 자동화하는 강력한 도구다. 아침에 일어나 무심코 스마트폰을 확인하는 것처럼, 우리의 하루는 습관으로 이루어져 있다. 그 습관이 무엇이냐에 따라 삶의 방향이 달라진다.

만약 매일 아침 10분 동안 하루 계획을 세운다면, 무의미하게 보내는 시간이 줄어들고 하루의 집중력이 달라질 것이다. 만약 매일 30분씩 독서를 한다면, 1년 뒤에는 20권 이상의 책을 읽을 수 있다. 하루에 1%만 더 나아지겠다고 다짐하고 꾸준히 노력하면, 1년 후에는 처음보다 37배 성장한 자신을 만나게 될 것이다.

우리는 종종 "이 작은 행동이 무슨 의미가 있을까?"라고 생각하지만, 실제로 인생을 바꾸는 것은 거대한 도약이 아니라 작은 습관의 축적이다.

　무엇을 선택하는가에 따라 미래가 달라지고 매 순간 우리는 선택한다. 아침에 알람이 울릴 때, 5분만 더 잘 것인지, 일어나 하루를 시작할 것인지. 중요한 일을 앞두고 유튜브를 볼 것인지, 계획을 실행할 것인지. 이 작은 선택들이 모여 우리의 하루를 만들고, 결국 우리의 미래를 결정짓는다.

　지금 무언가를 미루고 있다면 자신에게 한 가지 질문을 던져보자. "이 선택이 내 목표에 가까워지게 하는가?" 이 질문을 자주 던지다 보면 시간 낭비를 줄이고 자신이 원하는 방향으로 나아가는 데 도움이 된다. 변화를 원하는 사람과 그렇지 않은 사람의 차이는 지금 바로 작은 행동을 시작하느냐의 여부다.

　많은 사람들이 인생을 변화시키려면 대단한 결단력이 필요하다고 생각하지만, 중요한 것은 결심'이 아니라 '실천'이다. 결심은 누구나 할 수 있지만, 실천하는 사람만이 결과를 얻는다는 것이다. 누군가가 매일 단 10분이라도 집중해서 한 가지 목표를 위해 시간을 투자한다면 그 작은 변화가 결국 새로운 기회를 만들고 인생을 바꿀 수 있다. 지금 할 수 있는 아주 사소한 행동이 무엇인지 생각해 보고 그것을 실천해 보자.

*"하루의 작은 행동이 쌓여,*
*결국 우리가 원하는 삶을 만들 것이다."*

Chapter 3

# 1에서 시작하는
## 성공의 공식

모든 것은
하나부터 시작한다.

-틱낫한-

## 01

## 하나가 변하면
## 모든 것이 달라진다

세상의 거대한 변화는 결코 한순간에 이루어지지 않습니다. 태풍도 작은 바람의 움직임에서 시작되고 깊은 강물도 한 방울의 물에서 흐름을 시작합니다. 우리의 삶도 마찬가지입니다. 단 하나의 생각, 하나의 행동, 하나의 태도가 변할 때 우리의 모든 것이 달라질 수 있습니다.

한국의 축구 역사에서 가장 위대한 선수 중 한 명인 손흥민은 어린 시절부터 유럽 무대를 꿈꾸며 남들과 다른 방식으로 성장했습니다. 다른 선수들이 한국에서 엘리트 교육을 받을 때, 그는 16살에 독일 함부르크 유소년 팀으로 떠났습니다. 하지만 유럽 무대는 결코 쉽지 않았습니다. 언어도 통하지 않고 체격과 기술이 뛰어난 선수들 사이에서 그는 적응에 어려움을 겪었습니다.

그가 선택한 방법은 매일 1%라도 더 나아지자는 작은 변화였습니다. 그는 남들이 연습을 끝낸 후에도 남아서 슈팅 연습을 했고, 매일 자신의 부족한 점을 하나씩 보완해 나갔습니다. 이 작은 변화가 쌓이면서 그는 유럽 무대에서 두각을 나타내기 시작했고, 결국 토트넘 홋스퍼에서 세계적인 선수로 자리 잡았습니다. 손흥민의 성공은 한순간의 기적이 아니라, 작은 변화가 쌓이며 만들어진 결과였습니다.

관점 하나가 변하면 보이는 세계가 달라집니다. 같은 상황에서도 누군가는 불평만 늘어놓지만, 다른 누군가는 기회를 발견합니다. 같은 문제 앞에서도 누군가는 절망하고 누군가는 해결책을 찾습니다.

작은 태도의 변화가 삶을 움직이는 거대한 동력이 될 수 있습니다. 하나의 습관이 변하면 인생의 흐름이 바뀌고 하나의 말이 관계를 바꿉니다. 따뜻한 한마디가 누군가의 마음을 움직이고 작은 격려가 커다란 용기를 만들어냅니다. 반대로 무심코 내뱉은 말 하나가 상처가 되어 관계를 망가뜨리기도 합니다.

결국 우리는 거대한 변화를 꿈꾸면서도 가장 중요한 '하나'를 놓치고 있는지도 모릅니다. 그러나 진짜 변화는 거창한 계획이 아니라 작은 하나를 바꾸는 것에서 시작됩니다. 그 하나의 변화는 또 다른 변화를 이끌며 결국 삶 전체를 바꾸게 됩니다.

**〈작은 하나의 변화〉 만들기**

1. 하루 10분 러닝머신, 스트레칭 같은 작은 습관을 기른다.
2. 작은 목표를 정하고 하루 동안 집중해 본다.
3. 긍정적인 말 한마디로 주변 사람을 격려한다.
4. 불필요한 일 하나를 줄이고 나를 위한 시간을 마련한다.
5. 감사할 일을 하루에 하나씩 기록하며 일기를 쓴다.

> 작은 행동 하나, 작은 결심 하나가 우리를 전혀 다른 방향으로 이끌 수 있다는 생각을 가지고 살아가면서 그 하나를 선택한다면 머지않아 모든 것이 달라져 있을지도 모릅니다.

## 02
## 한 번의 기적, 「최선의 힘」

　우리는 종종 기적을 기다립니다. 어느 날 갑자기 인생이 바뀌는 행운, 단번에 성공으로 이어지는 기회, 단 한 번의 선택으로 모든 것이 해결되는 순간을 꿈꿉니다. 하지만 기적은 그렇게 오지 않습니다. 세상의 많은 변화는 거대한 결심이나 특별한 능력에서 비롯되는 것이 아니라, 아주 작은 차이에서 시작됩니다. 그리고 그 차이는 '최선'을 다하는 힘에서 나옵니다.

　매일 반복되는 일상 속에서 한 번의 변화를 만들어 보세요. 누군가는 작은 노력 하나가 무슨 의미가 있느냐고 묻겠지만, 단 한 번의 시도가 쌓이면 그것이 습관이 되고, 습관은 결국 삶 전체를 바꾸는 원동력이 됩니다.

　이중섭은 한국 근대 미술사에서 가장 사랑받는 화가 중 한 명이지만, 그의 삶은 결코 순탄하지 않았습니다. 일제강점기와 한국전쟁을 겪으며 그는 경제적으로 어려운 상황에 처했고, 가족과도 오랜 시간 떨어져 살아야 했습니다. 그러나 그는 힘든 현실 속에서도 그림을 향한 열정을 놓지 않았습니다.

그가 최선을 다한 순간은 열악한 환경 속에서 더욱 빛났습니다. 전쟁 중 피난 생활을 하면서도 그는 자신이 가진 도구가 없으면 담뱃갑 속 은박지를 뜯어 그림을 그렸습니다. 재료가 부족할 때는 벽지나 골판지 위에 그림을 그리며 예술에 대한 집념을 이어갔습니다. 그가 남긴 대표작 '황소'는 절망적인 현실 속에서도 끝까지 몰입하여 탄생한 예술이었습니다.

이중섭의 예술에 대한 끊임없는 노력과 집념은 결국 한국 미술계에 깊은 영향을 미쳤으며, 그가 남긴 작품들은 지금도 수많은 사람들에게 영감을 주고 있습니다.

그는 단 한 번도 자신이 처한 환경을 탓하지 않았으며, 최선을 다해 자신의 길을 걸었습니다. 그의 삶은 최선의 힘이 어떻게 기적을 만들 수 있는지를 보여주는 강력한 증거입니다.

우리가 생각하는 기적은 특별한 순간에 찾아오는 것이 아닙니다. 매일 최선을 다하는 작은 선택이 결국 인생을 변화시키는 기적을 만들어냅니다.

한 번 더 성실하게, 한 번 더 친절하게, 한 번 더 도전하는 삶을 살아보세요. 어제보다 나아진 오늘, 그리고 오늘보다 나아질 내일이 쌓여 어느 순간 놀랍도록 성장한 자신을 마주하게 될 것입니다.

**〈한 번의 최선을 만드는 방법〉**

1. 목표를 하나 정하고 그것을 위해 한 번 더 노력한다.
2. 작은 일에도 최선을 다하는 태도를 유지한다.
3. 포기하고 싶을 때 한 번 더 시도해 본다.
4. 주변 사람들에게 한 번 더 따뜻한 말을 건넨다.
5. 오늘 하루 자신이 한 번 더 노력한 부분을 찾아 스스로 칭찬해 본다.

조금 더 성실한 태도, 조금 더 집중하는 노력, 조금 더 따뜻한 말 한마디가 결국 기적을 만들기도 하죠. 그 작은 최선이 쌓여 당신의 삶을 완전히 바꾸는 순간이 될 것입니다.

## 03
## 단 하나의 실패에서 배운 성공의 법칙

 우리는 실패를 두려워합니다. 실패는 좌절과 실망을 안겨주고, 때로는 다시 일어설 용기마저 앗아가기도 합니다. 하지만 성공한 사람들의 이야기를 살펴보면 그들의 길은 결코 실패 없는 완벽한 여정이 아니었습니다. 오히려 단 하나의 실패가 결정적인 전환점이 되어 그들을 성공으로 이끌었습니다.

> "나는 단순히 전구가 켜지지 않는
> 1,000가지 방법을 알아낸 것뿐이다."

 1879년, 미국 뉴저지주 멘로파크에서 토머스 에디슨은 전구를 발명하기 위해 수천 번의 실험을 반복했습니다. 그는 매번 실패할 때마다 "이제 또 하나의 방법을 알아냈다."라며 실패를 성공으로 가는 과정의 일부로 여겼습니다. 만약 그가 한 번의 실패에 좌절하고 포기했다면 오늘날의 전구는 존재하지 않았을지도 모릅니다.

Chapter 3 1에서 시작하는 성공의 공식

실패는 우리의 부족함을 깨닫게 하고 무엇을 보완해야 할지를 가르쳐 줍니다. 실패에서 배우고 그 경험을 바탕으로 다시 도전할 때, 우리는 성공에 한 걸음 더 가까워집니다.

한 번의 실패는 끝이 아니라 방향을 수정할 기회가 되며 때로는 새로운 길을 열어줍니다. 실패는 우리가 더 단단해지고 더 나은 방향으로 성장할 기회를 주는 것입니다.

포기하지 않고 끝까지 나아가는 사람에게 실패는 장애물이 아니라 성공을 위한 디딤돌이 된다는 말이죠. 실패는 완전한 끝이 아니라 잠시 멈춘 쉼표일 뿐입니다.

 **〈실패에서 배우는 방법〉**

1. 실패의 원인을 기록하며 정확히 분석한다.
2. 감정에 매몰되지 않고 객관적인 시선으로 바라본다.
3. 실패 경험을 통해 새로운 전략과 접근 방식을 시도한다.
4. 다른 사람의 조언과 피드백을 적극적으로 받아들인다.
5. 하나의 실패를 반복하지 않기 위한 구체적 계획을 세운다.

> 진정한 실패란 넘어지는 것이 아니라, 다시 일어설 용기를 잃는 것이라는 것을 꼭 기억하며 살아가야 합니다. 넘어졌다고 좌절할 필요는 없습니다. 넘어졌다는 것은 한 번 더 일어설 기회가 주어진 것일 테니까요.

## 04
## 한 번 더 시도했을 때 오는 승리

포기하고 싶었던 순간, 단 한 번 더 시도해 본 적이 있나요? 많은 사람들은 실패 앞에서 멈추기를 선택합니다. 하지만 진짜 승리는 마지막 순간까지 한 번 더 도전한 사람에게 주어지는 선물입니다.

1975년, 일본의 자동차 회사 혼다는 큰 위기에 처했습니다. 당시 회사가 야심차게 개발한 경량 스포츠카가 연달아 실패했고, 경영진은 새로운 프로젝트를 포기하려 했습니다.

하지만 창업자 혼다 소이치로는 단 한 번 더 시도하기로 결심했습니다. 그는 디자인을 수정하고, 엔진 성능을 개선하며 마지막으로 시장에 도전했습니다. 그 결과, 혼다 시빅은 대성공을 거두며 회사의 새로운 도약을 이끌었습니다. 만약 그때 포기했다면 오늘날의 글로벌 자동차 브랜드 혼다는 존재하지 않았을지도 모릅니다.

우리는 실패의 순간을 '끝'이라고 착각하지만, 실상은 그때가 승리로 향하는 갈림길입니다. 포기하면 그 순간 모든 것이 끝나지만,

단 한 번 더 시도하면 예상치 못한 결과가 찾아올 수도 있습니다. 누군가는 마지막으로 원서를 한 장 더 넣었을 때 합격을 맞이하고 누군가는 한 번 더 영업을 시도했을 때 계약을 따냅니다.

 **〈한 번 더〉 시도하기**

1. 포기하기 전에 5분만 더 고민해 보고 시도할 기회를 찾는다.
2. 현재 상황을 객관적으로 분석하며 보완할 점을 파악한다.
3. 단기적 실패보다는 장기적 목표에 집중한다.
4. 작은 변화로 다른 전략을 시도해 본다.
5. 마지막이라 생각될 때 오히려 다시 시도하는 습관을 기른다.

> 단 한 번 더 시도하는 용기가 승리를 가져다줍니다. 승리는 완벽한 출발이 아니라 끝까지 버티고 나아가는 과정에서 찾아옵니다. 마지막 순간까지 포기하지 않는 사람이 진짜 승리자입니다.

## 05
## 1만 시간의 법칙, 「노력의 불변 진리」

　많은 사람들은 성공이란 타고난 재능에서 비롯된다고 생각합니다. 하지만 진짜 성공은 재능이 아닌 오랜 시간에 걸친 '꾸준한 노력'에서 나옵니다.

　말콤 글래드웰의 『아웃라이어』에서 소개된 '1만 시간의 법칙'에서는, 한 분야에서 최고가 되기 위해서는 최소 1만 시간의 집중적인 연습이 필요하다는 개념을 제시합니다. 하루 3시간씩 연습하면 약 10년, 5시간씩 연습하면 5~6년 만에 전문가 수준에 도달할 수 있습니다. 이 법칙은 단순히 시간을 채우는 것이 아니라, 의식적인 훈련과 지속적인 개선을 의미합니다.

　세계적인 체스 마스터였던 조슈아 웨이츠킨은 1만 시간의 법칙을 완벽히 입증한 인물입니다. 그는 1976년, 미국에서 태어나 어린 시절부터 체스를 시작했습니다. 그는 매일 몇 시간씩 실전 연습과 경기 분석에 몰두하며 실력을 키워 나갔습니다. 단순히 체스 규칙만 익힌 것이 아니라, 경기에서의 작은 실수까지 하나하나 기록하고 개선하는 방식으로 훈련을 이어갔습니다. 이 반복적이고 체계적인 훈련 덕분에 그는 1986년과 1987년, 미국 유소년 체스 챔피언십에서 우승할 수 있었습니다.

이후 그는 체스를 떠나 무술 분야에서도 같은 방식으로 훈련을 지속했으며, 2004년 푸슈 태극권 세계 챔피언십에서 우승하는 이례적인 성공을 이뤘습니다. 그의 여정은 노력과 시간의 축적이 얼마나 강력한 변화를 만들어낼 수 있는지를 보여주는 대표적인 사례로 남아 있습니다.

1만 시간의 법칙은 단순히 시간을 채우는 것이 아니라 매일 조금씩 실력을 쌓고 자신을 개선하는 과정입니다. 빠른 성공을 기대하는 사람들은 종종 중간에 포기합니다. 하지만 큰 변화는 매일의 작은 노력이 쌓여 만들어집니다. 눈에 보이지 않던 결과는 시간이 지나며 점점 더 큰 성과로 이어집니다.

 **〈1만 시간의 법칙〉 실천하기**

1. 하루 2~3시간을 목표 분야에 투자하기
2. 실패와 실수를 기록하고 그 원인을 분석해 개선하기
3. 반복적인 훈련에 지치지 않고, 새로운 방법을 시도하기
4. 단기적 성과에 연연하지 않고 장기적인 성장에 집중하기

5. 정기적으로 자신의 발전 상태를 점검하고 목표를 재조정하기

1만 시간은 될 때까지 하는 힘입니다. 성공은 한순간에 오지 않으며 오랜 시간의 축적이 빛을 발할 때 찾아옵니다. 중요한 것은 포기하지 않고 끝까지 해내겠다는 의지입니다.

## 06

## 반복의 힘,
## 「매일 하나씩 쌓아가는 과정」

우리는 종종 한 번의 시도로 모든 것을 이루고 싶어 합니다. 단 한 번의 투자로 부자가 되길 원하거나, 한순간의 결심으로 삶이 변화하기를 기대합니다. 하지만 진짜 성취는 한순간의 결심이 아니라, 작은 노력이 반복될 때 이루어집니다. 매일의 작은 행동 하나가 쌓이고, 사소한 습관이 지속될 때 그것은 결국 우리의 삶을 완전히 변화시킵니다.

김연아는 어린 시절부터 피겨 스케이팅에 뛰어난 재능을 보였지만, 한국에서는 피겨가 활성화되지 않은 환경에서 성장해야 했습니다. 연습할 수 있는 빙상장이 부족했고, 해외 선수들보다 지원도 적었습니다.

하지만 그녀는 환경을 탓하지 않고 매일 똑같은 동작을 수천 번씩 반복하며 연습을 이어갔습니다. 특히 김연아가 세계적인 선수로 성장할 수 있었던 이유는 완벽한 기술을 위해 끊임없이 반복 연습을 했기 때문입니다. 한 번 점프를 성공했다고 만족하는 것이 아니라 같은 동작을 완벽하게 체득할 때까지 반복했습니다. 점프의 착지 각도를 조금이라도 개선하기 위해, 회전 속도를 더 높이기 위해 그녀는 하루도 빠짐없이 연습에 매진했습니다. 이러한 반복된 노력 끝에 2010년 밴쿠버 동계올림픽에서 역사적인 금메달을 차지하며 대한민국 피겨 스케이팅의 전설이 되었습니다.

김연아의 성공은 한 번의 운이나 기회가 아닌 매일 쌓아 올린 반복된 노력의 결과였습니다. 한 번의 연습이 아니라, 수천 번의 점프와 착지가 그녀를 세계 최고의 자리에 올려놓았습니다. 꾸준함이 만들어낸 힘이 결국 위대한 성취로 이어진다는 것을 그녀는 직접 증명했습니다.

진정한 변화는 한순간의 결심이 아니라 작은 행동의 반복에서 시작됩니다. 사소한 습관이 쌓여 인생을 바꾸듯 성공은 재능이나 운보다 지속적인 노력이 만듭니다. 완벽을 추구하기보다 하루하루 나아가는 것이 더 중요합니다. 오늘의 작은 행동이 미래를 바꾸며, 꾸준함이야말로 가장 강력한 선택입니다.

## 〈반복의 힘〉 실천하기

1. 처음부터 큰 변화보단 할 수 있는 만큼의 목표를 설정한다.
2. 반복은 습관을 만들고, 습관은 성취를 만든다. 반복해 보라.

3. 성취가 눈에 보일 때 동기 부여가 커진다. 성취를 위해 노력해 보라.
4. 반복은 시간이 흐를수록 가속도를 붙이며 더 큰 성과를 만든다. 또 반복해 보라.
5. 단 1분이라도 실천하며 일관성을 유지해 보라.

> 반복은 거창한 계획이 아니라 매일의 작은 실천 속에서 이루어집니다. 매일 조금씩 하는 일이 큰 변화를 만들어내며, 그 변화는 어느 순간 눈에 띄게 나타나게 됩니다. 중요한 것은 꾸준히 인내심을 가지고 한 걸음씩 나아가는 것입니다.

## 07
## 하나의 좋은 습관이 만드는 긍정적 파급효과

우리의 삶에서 작은 변화 하나가 예상치 못한 거대한 결과를 만들어내는 순간이 있습니다. 단 하나의 습관이 인생의 방향을 바꾸고 나아가 주변 사람들에게까지 영향을 미치는 계기가 되기도 합니다. 좋은 습관은 단순한 행동의 반복이 아니라, 인생을 긍정적으로 변화시키는 강력한 파급력을 가지고 있습니다.

1706년, 미국 보스턴에서 태어난 벤저민 프랭클린은 어릴 적부터 특별한 재능을 보인 사람이 아니었습니다. 그는 학창 시절을 제대로 마치지 못했고, 1718년 필라델피아의 인쇄소에서 견습생으로 일하며 어려운 시간을 보냈습니다. 하지만 프랭클린은 자신의 성장을 위해 하루 13가지 덕목을 기록하고 실천하는 습관을 들이기 시작했습니다.

매일 자신을 돌아보며 부족한 점을 개선하려는 이 습관은 그의 인생을 완전히 바꿔 놓았습니다. 이러한 꾸준한 습관은 그를 발명가, 외교관, 과학자, 그리고 작가로서 성공의 길로 이끌었습니다.

작은 습관 하나가 인생을 변화시키는 강력한 힘을 가집니다. 사소해 보이는 행동이라도 반복되면 인생의 방향을 바꿀 수 있으며, 이는 주변 사람들에게도 긍정적인 영향을 미칩니다. 중요한 것은 한 번의 결심이 아니라 꾸준히 실천하는 태도입니다. 좋은 습관을 지속하는 것이야말로 가장 강력한 선택이며 인생을 바꾸는 원동력입니다.

 **〈긍정적인 습관〉 만들기**

1. 작고 실천 가능한 목표로 시작한다.
2. 시각적 기록이 꾸준함을 유지하는 데 큰 도움이 됨을 명심한다.
3. 무조건적인 완벽함을 기대하지 않는다.
4. 중간에 실수해도 다시 시작하는 것이 중요하다는 것을 기억한다.
5. 좋은 습관을 누군가와 함께 공유한다.

> 좋은 습관의 시작은 언제나 작지만, 그것이 만들어낼 결과는 상상 이상일 것입니다. 비록 지금은 미미해 보일지라도, 지속적으로 실천하면 어느 순간 그 변화가 눈에 띄게 나타날 것입니다.

## 08

## 하나를 잃었을 때의 교훈

삶은 무언가를 얻고 잃는 과정의 연속입니다. 우리는 잃어버린 것의 소중함을 뒤늦게 깨닫곤 합니다. 하지만 상실은 단순한 아픔이 아니라 우리가 진짜로 중요한 것이 무엇인지를 깨닫게 해주는 순간이 되기도 합니다. 하나를 잃음으로써 더 깊은 깨달음을 얻고 더 나은 길을 찾아가는 계기가 되기도 합니다.

"애플에서 해고된 것은 내 인생에서 가장 좋은 일이었다.
그것이 나를 다시 초심으로 돌아가게 만들었다."

세계적인 기업가 스티브 잡스 역시 한때 자신이 만든 애플에서 쫓겨나는 경험을 했습니다. 그는 20대에 애플을 창업하며 빠르게 성공을 거두었지만, 내부 갈등 끝에 경영에서 배제되면서 자신이 만든 회사를 떠나야 했습니다. 그 순간 그는 자신의 모든 것을 잃어버린 듯한 충격을 받았습니다. 하지만 그 상실 속에서 그는 자신이 정말 원하는 것이 무엇인지 다시 돌아보게 되었습니다.

그는 애플을 떠난 후 넥스트(NeXT)와 픽사(Pixar)를 창업했고, 이를 통해 기술과 예술이 결합된 혁신적인 제품을 만드는 새로운 시각을 얻게 되었습니다. 그리고 몇 년 후, 다시 애플로 돌아와 아이폰과 맥북을 통해 기술 혁명의 중심에 서게 되었습니다. 만약 그가 애플에서 밀려나는 경험을 하지 않았더라면 그는 스스로를 되돌아볼 기회를 얻지 못했을지도 모릅니다.

삶에서 하나를 잃는다는 것은 때로는 기회, 때로는 사람, 때로는 꿈일지도 모릅니다. 그러나 중요한 것은 그 상실을 통해 무엇을 배우고 어떻게 성장하느냐에 있습니다. 하나를 잃었다는 것은 끝이 아니라 새로운 가능성을 여는 시작이 될 수 있으며, 잃어버린 것 속에서 우리는 더 깊은 성찰을 하고 남아 있는 것의 가치를 새롭게 발견할 수 있습니다.

 **〈잃음 속에서 얻을 교훈〉 찾기**

1. 감정이 아닌 사실에 집중해 잃음의 원인을 성찰한다.
2. 상실이 열어줄 새로운 가능성을 탐색한다.
3. 이미 가진 것의 가치를 다시 확인하고 감사한다.
4. 상처를 경험이자 배움으로 전환해 더 나은 미래를 준비한다.
5. 잃음이 실패가 아니라 더 나은 도전을 위한 발판임을 인식한다.

삶은 잃음과 배움의 반복입니다. 잃는다는 것은 때로는 고통스럽고 힘든 순간이지만, 그것이 우리를 더 강하게 만들고 이전에 알지 못했던 새로운 지혜를 선물합니다. 결국, 잃는 것이 아닌 그로 인해 얻은 것이 더 큰 가치를 지니게 됩니다.

## 09
## 결승선 마지막 스퍼트가 만드는 승부

스포츠 경기에서, 시험 점수에서, 혹은 중요한 비즈니스 협상에서 마지막 한 순간 최선의 질주가 승부를 결정짓는 순간이 있습니다. 사소해 보이는 이 작은 차이가 때로는 인생의 방향마저 바꿔놓습니다. 결정적인 순간, 최선의 마무리 자세가 운명을 가를 수 있는 힘을 가집니다.

"결승선 앞에서 포기하지 않고
조금만 더 밀어붙이자고 생각했다."

1992년 바르셀로나 올림픽 마라톤 경기에서 대한민국의 황영조 선수는 전 세계가 주목하는 레이스를 펼쳤습니다. 당시 마라톤은 오랫동안 아프리카 선수들이 독점하다시피 했고, 대한민국이 올림픽 마라톤 금메달을 차지한 것은 1936년 손기정 이후 56년 만이었습니다.

황영조는 경기 내내 선두 그룹과 경쟁하며 끝까지 페이스를 유지했습니다. 하지만 결승선을 앞둔 마지막 순간, 일본의 세계적인 마라토너 모리시타 코우이치가 빠르게 따라붙으며 긴장감이 극대화되었습니다. 단 몇 미터 차이로 승부가 갈리는 상황에서 황영조는 결승선 직전 마지막 스퍼트를 걸었습니다. 결국 황영조는 모리시타와의 격차를 더 벌려 22초 차이로 따돌리며 올림픽 금메달을 목에 걸었습니다.

두 시간 이상이 소요되는 마라톤 경기에서 몇십여 초 차이는 종이 한 장의 차이처럼 보이지만, 그 격차가 한국 마라톤 역사에 새로운 전환점을 만들었습니다. 만약 마지막 순간 최선의 질주를 못 했다면 그 영광은 모리시타에게 돌아갔을 것입니다.

스포츠뿐만 아니라 우리의 일상에서도 마지막 마무리의 수 초의 차이는 수없이 반복됩니다. 입사 면접에서 마지막 질문에 대한 답변, 시험의 마지막 한 문제, 사업 제안서의 한 줄이 결정적인 차이를 만들어냅니다. 이 작은 차이는 그 자체로는 미미해 보이지만, 나중에 돌아보면 커다란 결과로 이어지는 경우가 많습니다.

중요한 것은 이 마지막 한 순간까지 포기하지 않는 태도와 집중하는 자세입니다.

##  〈마지막 순간〉까지 빛나게 하기

1. 결과가 결정되기 전까지 작은 부분까지 신경을 쓴다.
2. 세부적인 차이가 장기적으로 큰 변화를 가져온다는 사실을 지각한다.
3. 실수는 줄이고 정확도를 높이는 연습을 한다.
4. 평소의 작은 준비가 위기에서 빛을 발한다.
5. 끝까지 가는 태도가 승리를 가져온다.

마지막 한순간에 승부가 결정되는 순간이 반드시 찾아옵니다. 진정한 승리는 큰 도약이 아니라 작은 차이를 만들기 위해 끝까지 노력하는 과정에서 나옵니다.

## 10
## 하나의 미소가 바꾸는 인간관계

우리는 대화를 나누고, 서로를 바라보며 관계를 맺습니다. 하지만 때로는 사소한 오해와 감정의 틈이 관계를 멀어지게 하기도 합니다. 상처받은 마음은 쉽게 회복되지 않고, 소통은 점점 어려워집니다. 이 모든 것을 바꾸는 가장 단순하면서도 강력한 방법이 있습니다. 그것은 바로 하나의 미소입니다.

1959년, 티베트의 정신적 지도자 달라이 라마는 중국의 탄압을 피해 인도로 망명해야만 했습니다. 그는 고향을 떠나야 했고, 많은 티베트인들이 절망 속에 빠졌습니다. 그러나 그는 자신과 함께 떠나온 수천 명의 난민들을 위해 절망 대신 희망을 선택했습니다. 그가 난민 수용소에서 처음으로 사람들을 만났을 때, 사람들은 눈물을 흘리며 그에게 도움을 청했습니다. 하지만 달라이 라마는 침울한 표정을 짓지 않고 미소를 지으며, 그들의 손을 잡았습니다. 그 순간, 두려움에 떨던 난민들은 안도했고, 그의 미소 속에서 용기와 희망을 얻었습니다.

그 후 달라이 라마는 전 세계를 돌며 비폭력과 평화의 메시지를 전하는 지도자로 활동했습니다. 그는 강연할 때마다 따뜻한 미소를 지었고, 심지어 과거 자신을 탄압했던 중국 지도자들과 만날 때도 적대감이 아닌 포용의 미소를 보였습니다. 그의 미소는 용서와 이해의 메시지였고, 결국 그는 전 세계적으로 존경받는 지도자가 되었습니다.

미소는 말보다 강한 힘을 가집니다. 그것은 단순한 감정 표현이 아니라 상대를 안심시키고, 경계를 허물고, 신뢰를 쌓는 가장 효과적인 방법입니다. 만약 인간관계에서 어려움을 겪고 있다면 먼저 미소를 건네보는 것이 어떨까요? 작은 미소 하나가 누군가에게는 큰 힘이 될 수 있습니다.

 **〈하나의 미소〉가 가져오는 변화**

1. 처음 만난 사람과도 미소 하나로 긴장감을 풀고 친근감을 형성할 수 있다.
2. 대화 중 작은 미소는 차가운 분위기를 부드럽게 만든다.
3. 다툰 후 먼저 미소를 보이면 상대방의 마음을 열고 화해의 기회를 만든다.
4. 미소는 전염성이 강해, 당신이 웃으면 상대방도 자연스럽게 따라

웃게 된다.
5. 말로 표현하지 못한 감정을 미소 하나로 전할 수 있다.

> 하나의 미소는 작은 행동이지만, 상대방의 마음을 움직이고 관계를 부드럽게 변화시킵니다. 그 작은 미소가 당신과 상대방의 하루, 그리고 인간관계를 바꾸는 시작이 될지도 모릅니다.

## 11
## 작은 다짐이 이끄는 하나의 큰 변화

어떤 이들은 인생을 변화시키기 위해 거창한 계획이 필요하다고 생각합니다. 하지만 진짜 변화는 작은 다짐에서 시작됩니다. 단 하나의 결심이 우리의 행동을 바꾸고, 그 행동이 쌓여 결국 인생을 완전히 변화시키는 거대한 흐름을 만들어냅니다.

"나는 영감을 기다리지 않는다. 그러면서 영감을 만든다."

1881년, 스페인 말라가에서 태어난 파블로 피카소는 미술 역사상 가장 혁신적인 화가로 알려져 있습니다. 그의 작품은 시대를 초월하여 예술의 경계를 넓혔고, 그는 자신의 생애 동안 5만 점이 넘는 그림과 조각, 드로잉을 남겼습니다. 하지만 그의 성공은 타고난 재능이 아니라 매일 조금씩 그리는 작은 다짐에서 시작되었습니다.

젊은 시절의 피카소는 "하루라도 그림을 그리지 않으면 실력이 줄어든다."라는 신념을 가지고 있었습니다. 그는 단 한 순간도 붓을 놓지 않았고, 바르셀로나와 파리에서 매일 연습하며 다양한 화풍을 시도했습니다. 하나의 작품을 완성하는 데 집중하는 것이 아니라, 매일 그림을 그리는 것 자체가 그의 삶이 되었습니다.

이런 작은 다짐과 꾸준한 연습이 쌓여 결국 그는 1907년 프랑스에서 입체주의라는 새로운 미술 사조를 개척했고, 이후 1937년 게르니카, 1907년 아비뇽의 처녀들 같은 불멸의 작품을 탄생시켰습니다.

우리는 종종 큰 변화를 꿈꾸지만, 변화를 만드는 것은 거창한 계획이 아닙니다. 오늘 단 한 번의 연습, 단 한 번의 시도, 단 한 번의 다짐이 모이면 결국 그것이 우리의 인생을 바꾸는 원동력이 됩니다.

 **〈작은 다짐〉을 실천하기**

1. 무리한 계획 대신 실현 가능한 작은 목표로부터 시작한다.
2. 매일 실천 여부를 기록하며 동기 부여를 유지한다.
3. 반복이 습관이 될 때까지 성취를 스스로 칭찬하며 이어간다.
4. 목표가 어려울 때는 유연하게 조정하며 지속성을 유지한다.
5. 다짐의 효과와 변화를 정기적으로 점검하며 발전 방향을 확인한다.

삶을 바꾸는 변화는 거창한 계획이 아닌 작은 다짐에서 시작됩니다. 지금의 작은 다짐이 미래의 큰 전환점이 될 수 있습니다. 결국, 변화의 출발점은 단 하나의 작은 결심입니다.

## 사소한 태도가 인생을 결정짓는다

　우리는 인생을 바꾸고 싶다는 말을 자주 한다. 더 나은 삶을 꿈꾸며, 더 큰 성공을 바라며, 어제보다 나은 오늘을 살기를 희망한다. 하지만 정작 중요한 것은 '어떻게' 변화할 것인가에 대한 고민이다.

　많은 사람들이 거대한 목표를 세우고, 한순간에 바뀌기를 원한다. 하지만 성공한 이들의 삶을 들여다보면 그들의 변화는 극적인 순간이 아니라 아주 작은 차이에서 시작되었다. 단 하나의 태도, 사소한 행동이 결국 운명을 바꿨다.

　모든 것은 아주 작은 변화에서 비롯된다. 태풍은 바람 한 줄기에서 시작되고 강물은 한 방울의 물에서 흐름을 시작한다. 우리의 삶도 마찬가지다. 사소해 보이는 행동 하나, 작은 태도의 변화가 점차 쌓이면서 인생의 방향을 결정짓는다. 문제는 그 작은 차이를 알아채지 못하는 것이다.

　아주 사소한 선택 하나가 삶을 뒤바꾸는 결정적인 역할을 한다. 긍정적인 태도를 가진 사람과 부정적인 태도를 가진 사람의 하루를 비교해 보자. 긍정적인 사람은 같은 상황에서도 기회를 찾고 해결책을 모색하며 실수를 통해 배우려 한다. 반면 부정적인 사람은 문제를 탓하고 불평하며, 쉽게 포기한다. 이 차이는 처음에는 미미해 보이지만, 시간이 지나면서 엄청난 격차를 만든다. 처음에는 같은 길을 걷고 있는 듯 보이지만, 결국 전혀 다른 곳에 도착하게 된다. 태도가 곧 운명을 결정짓기 때문이다.

많은 사람들이 '성공'을 말할 때, 재능이나 운, 특별한 능력을 떠올린다. 그러나 실제로 성공한 사람들은 단순한 행운이나 천재성 덕분에 정상에 오른 것이 아니다. 그들은 사소한 순간에도 자신을 더 나은 방향으로 이끌 태도를 가졌다. 매일 최선을 다하는 태도, 실패를 두려워하지 않는 태도, 꾸준함을 유지하는 태도가 그들을 만든 것이다.

성공한 사람들의 삶을 보면, 단 한 번의 결정적 순간이 아니라 수많은 작은 선택들이 그들의 인생을 만들었다. 예컨대 이 책의 "단 하나의 실패에서 배운 성공의 법칙"에서의 사례에서 토머스 에디슨이 1,000번 넘게 실험에 실패한 이야기만 봐도 그렇다. 많은 사람들이 그를 보며 '천재'라고 하지만, 정작 그는 "나는 실패한 것이 아니다. 나는 전구가 켜지지 않는 1,000가지 방법을 알아낸 것뿐이다."라고 말했다. 에디슨이 남긴 가장 큰 교훈은 '실패에 대한 태도'였다. 그는 단 한 번도 실패를 부정적인 것으로 여기지 않았다. 그에게 실패는 단지 과정이었고, 성공을 향한 필수적인 단계였다.

이처럼 태도는 우리에게 선택권을 준다. 같은 문제를 마주해도 어떻게 받아들이느냐에 따라 결과는 달라진다. 어떤 이는 실패 앞에서 좌절하지만, 어떤 이는 그것을 배움의 기회로 삼는다. 어떤 이는 상황을 탓하며 주저앉지만, 어떤 이는 지금 할 수 있는 작은 일부터 찾아 실천한다. 결국, 우리가 어떤 태도를 선택하느냐가 인생을 결정짓는다.

사소한 태도의 차이가 점점 커지는 이유는 바로 '반복' 때문이다. 처음에는 단순한 선택처럼 보이지만, 그것이 습관이 되면 점점 더 큰 힘을 갖게 된다. 긍정적인 태도를 가진 사람은 같은 상황에서도 더 좋은 결과를 만들어내고, 점점 더 많은 기회를 얻게 된다. 반대로 부정적인 태도를 가진 사람은 시간이 지날수록 점점 더 기회를 잃고, 결국 더 나쁜 결과를 맞이하게 된다. 그러니 인생을 바꾸고 싶다면 거창한 계획을 세우는 것보다 지금 이 순간의 태도를 바꾸는 것이 먼저다. 어떤 목표를 이루고 싶은가? 그렇다면 지금 할 수 있는 가장 작은 행동부터 시작하면 된다. 목표를 크게 잡고 한 번에 도달하려고 하면 대부분 중간에 포기하게 된다. 하지만 아주 사소한 변화부터 시작한다면 그 작은 습관이 쌓여 결국에는 엄청난 결과를 만들어 낸다.

예를 들어, 하루 10분씩 책을 읽는 태도를 가진 사람과 그렇지 않은 사람의 미래는 어떻게 될까? 1년 후, 전자는 3,650분 동안 책을 읽은 사람이 되고, 후자는 단 한 권도 읽지 못한 사람이 된다. 작은 차이가 점점 쌓여 엄청난 격차를 만들어내는 것이다. 이처럼 지금 당장 엄청난 변화를 만들 수는 없을지 몰라도 작은 태도의 차이를 만들 수는 있다. 그리고 그 작은 차이가 결국 인생을 변화시킨다. 성공은 한순간에 이루어지는 것이 아니다. 사소한 태도의 차이가 점점 쌓여 거대한 변화를 만든다.

이제 다시 스스로에게 질문해 보자. 오늘 당신의 태도는 어떠한가? 삶의 문제를 마주했을 때 불평하는가, 아니면 해결책을 찾는가? 실수했을 때 좌절하는가, 아니면 다시 도전하는가? 주변 환경을 탓하는가, 아니면 지금 할 수 있는 것부터 시작하는가? 거대한 변화는 거창한 계획에서 시작되지 않는다. 아주 사소한 태도 하나, 단 한 번의 선택에서 출발한다. 우리가 아무렇지 않게 넘겨버리는 작은 순간들 속에 인생을 바꾸는 힘이 숨어 있다. 작은 변화를 만들고 그 변화를 지속해 보자. 오늘의 사소한 태도가 미래를 결정짓는다.

> "인생을 바꾸는 열쇠는
> 이 순간 당신이
> 어떤 태도를 선택하느냐에 달려 있다."

Chapter 4

# 1의 심리학과
## 자기변화

우리는 반복적으로
하는 것에 의해 형성된다.
그러므로 탁월함은
행동이 아니라 습관이다.

- 아리스토텔레스 -

## 01
# 하나의 불편함이
# 전환점이 될 때

　우리의 삶은 익숙함 속에서 흘러갑니다. 우리는 편안함에 머무르며 불편함을 피하려 하지만, 진정한 성장은 불편함 속에서 시작됩니다. 예상치 못한 불편함이 오히려 삶의 전환점이 되는 경우가 많습니다.

　1936년, 루이 자크 플레망 다게르는 예술가이자 화가로 활동하며, 그림 속 빛의 효과를 실험하고 있었습니다. 하지만 캔버스 위에 빛의 순간을 정확히 담을 수 없는 한계에 부딪혀 큰 좌절을 겪었습니다. 그는 이 불편함을 새로운 도전의 계기로 삼았습니다. 빛을 직접 기록할 수 있는 장치를 개발하기로 결심한 그는 결국 세계 최초의 상업적 사진술인 다게레오타입을 발명했습니다. 이 발명은 사진 예술과 기록의 새로운 시대를 열었습니다. 만약 그가 기존의 방식에 안주했다면 사진술의 발전은 훨씬 늦어졌을지도 모릅니다.

　작은 불편함은 우리의 고정관념을 흔들고 새로운 가능성을 발견하게 만들고, 경제적 불편함은 더 창의적이고 효율적인 해결책을 찾게 합니다. 또한 관계에서의 불편함은 더 깊은 이해와 소통을 가져오며 삶의 불확실함은 새로운 도전과 목표를 만들어 줍니다.

 **〈불편함을 전환점〉으로 만들기**

1. 불편함의 원인을 정확히 파악하고, 작은 변화부터 시작한다.
2. 문제를 새로운 관점에서 바라보고 해결책을 시도한다.
3. 불편함 속에서도 작고 긍정적인 변화를 기록하며 동기를 부여한다.
4. 불편한 감정을 피하지 말고 성장의 신호로 받아들인다.
5. 도전이 두려울 때, 작은 행동부터 꾸준히 실천한다.

> 불편함은 끝이 아니라 새로운 시작입니다. 불편함 속에서 우리는 성장하고 도전하며, 자신을 한 단계 더 발전시킬 수 있는 기회를 발견하게 됩니다. 결국, 그 불편함이 우리를 더 강하게 만들고, 더 큰 가능성을 열어주는 전환점이 될 것입니다.

## 02
## 1초의 망설임이 기회를 앗아간다

우리는 인생에서 수많은 선택의 순간을 맞이합니다. 그 순간마다 크고 작은 망설임이 찾아옵니다. 때로는 신중함이 필요하지만, 단 1초의 망설임 때문에 중요한 기회를 놓치기도 합니다. 망설이는 순간, 이미 누군가는 행동합니다. 기회는 주어지는 것이 아니라 순간을 잡는 사람에게 허락되는 것입니다.

1990년대, 애니타 로딕은 영국의 한 작은 거리에서 조그만 화장품 가게인 '더 바디샵(The Body Shop)'을 운영하고 있었습니다. 당시 그녀에게 사업 확장 제안이 들어왔지만, 경제적 여건이 넉넉하지 않아 고민할 여유가 없었습니다. 단 1초의 망설임 끝에 그녀는 결단을 내렸습니다. 리스크를 감수하며 매장을 늘리기로 결정한 것입니다. 그 결정이 더 바디샵의 성공 신화를 열었고, 이후 친환경 뷰티 브랜드의 선구자로 자리 잡았습니다. 만약 그녀가 조금 더 망설였다면 이 모든 성공의 기회는 사라졌을지도 모릅니다.

망설임은 작은 차이처럼 보이지만, 그것이 만들어내는 결과는 거대합니다. 면접에서 마지막으로 말하고 싶던 이야기를 하지 못하고 나왔을 때, 좋아하는 사람에게 고백하지 못하고 머뭇거렸을 때, 새로운 도전을 미루다가 시기를 놓쳤을 때, 우리는 가슴을 치며 후회할 수 있습니다.

결국 우리가 후회하는 것은 실패가 아니라, 망설임 때문에 시도조차 하지 못한 그 순간이란 사실입니다. 그러고도 우리는 망설임을 스스로 정당화합니다. "아직 준비가 안 됐어.", "완벽한 순간이 올 거야." 하지만 완벽한 순간은 존재하지 않으며 기회는 기다려주지 않습니다.

 **〈망설임을 멈추고 기회〉 잡기**

1. 결정을 미루지 않고, 짧게 생각한 뒤 바로 행동으로 옮긴다.
2. 작은 결단이라도 실행하며 경험을 쌓아 큰 결정에 대한 자신감을 키운다.
3. 실패보다 시도하지 않는 것을 더 큰 후회로 받아들인다.
4. 완벽한 타이밍을 기다리지 말고 지금 이 순간을 최선의 기회로 삼는다.
5. 주어진 기회를 하나씩 기록하며 성취감을 쌓아간다.

> 망설임은 기회를 앗아가지만, 행동은 새로운 기회를 만듭니다. 행동하는 용기가 우리의 인생을 완전히 바꿀 수 있고 미래를 여는 열쇠가 되며 결국 더 큰 변화를 이끌어냅니다.

## 03
## 감사의 습관 하나가 주는 심리적 안정

우리의 삶은 끊임없는 욕망과 비교 속에서 흔들립니다. 더 많은 것을 원하고 더 나은 결과를 바라며 현재의 모습에 만족하지 못할 때가 많습니다. 그러나 우리를 진정으로 평온하게 만드는 것은 더 많은 것이 아니라, 지금 가진 것에 대한 감사입니다. 감사의 습관 하나는 우리의 심리를 안정시키고, 삶을 더 따뜻하게 변화시킬 수 있습니다.

션 아처는 미국 출신의 긍정 심리학자로 하버드대학교에서 연구를 진행하며 행복과 성공의 관계를 탐구한 인물입니다. 그는 2010년 출간한 저서 『행복의 특권(The Happiness Advantage)』에서 긍정적인 사고방식이 개인의 성공과 삶의 질에 미치는 영향을 설명하며 감사하는 습관이 스트레스를 줄이고 행복감을 증가시킨다는 연구 결과를 제시했습니다.

그는 하버드대학교에서 21일 동안 참가자들에게 매일 감사하는 세 가지를 기록하게 하는 실험을 진행했으며, 이를 통해 행복감 증가와 스트레스 감소 효과가 명확히 입증되었습니다. 션 아처의 연구는 긍정 심리학의 대표적인 사례로 꼽히며, 이후 다양한 기업과 교육 기관에서도 그의 방법론이 적용되고 있습니다.

감사는 단순한 예의가 아니라 우리의 감정과 사고를 변화시키는 심리적 안전장치입니다. 감사하는 마음은 스트레스를 줄이고 불안과 우울을 완화해 정서적 안정감을 높입니다. 또한 진심 어린 감사는 사람 사이의 신뢰를 깊게 하여 관계를 더욱 견고하게 만듭니다. 감사는 삶의 시각을 변화시켜 부족함이 아닌 이미 가진 것의 소중함을 깨닫게 해줍니다.

이러한 태도는 불만을 줄이고 긍정적인 감정을 키우며, 일상을 더 따뜻하고 의미 있게 만들어 줍니다. 우리는 때때로 '더 좋은 일이 생기면 감사해야지'라고 생각하며 감사를 미루곤 합니다. 하지만 감사는 특별한 순간이 아니라 지금, 이 순간에 느끼고 표현할 때 가장 큰 힘을 발휘합니다.

 **〈감사하는 습관〉 실천하기**

1. 매일 감사한 세 가지를 적는다.
2. 일상 속 작은 일들에서도 감사할 이유를 찾아본다.
3. 가까운 사람에게 고마움을 직접 표현한다.

4. 불안하거나 힘들 때 감사할 일을 떠올리며 시각을 긍정적으로 바꾼다.
5. 감사의 말과 미소로 하루를 마무리한다.

> 작은 감사가 쌓이면 우리의 삶도 더 단단해집니다. 감사의 마음은 우리의 시각을 바꾸고 일상에서 소중한 것들을 다시 발견하게 해줍니다. 결국 작지만 진심 어린 감사가 결국 삶의 질을 높이고 마음의 평화를 가져다줍니다.

## 04
## 나를 바꾸는
## 1%의 자기 개선

많은 사람들은 인생을 바꾸기 위해 거대한 변화가 필요하다고 생각합니다. 그러나 진정한 변화는 단 한 번의 극적인 사건이 아닌, 하루하루 쌓이는 작은 개선에서 시작됩니다. 하루 1%의 성장이 1년 후 전혀 다른 나를 만들어내는 것입니다.

일본 전자산업의 거인이 된 이부카 마사루는 한순간의 혁신이 아니라 매일 1%씩 개선하는 철학을 바탕으로 세계적인 기업을 일궈낸 대표적인 인물입니다. 1946년, 그는 전쟁이 끝난 폐허 속에서 단 20명의 직원과 함께 소니(Sony)의 전신인 도쿄 통신공업을 설립했습니다. 그 당시 일본의 전자산업은 뒤처져 있었고, 세계 시장에서 경쟁력을 갖추는 것은 거의 불가능해 보였습니다. 하지만 이부카 마사루는 거대한 목표를 세우는 대신, 매일 조금씩 기술을 개선하고, 제품의 품질을 높이며 조직을 성장시키는 전략을 선택했습니다.

그의 신념은 단순했습니다. "한 번에 모든 것을 바꾸려고 하지 말고, 매일 1%씩 더 나아가라." 그 결과, 소니는 일본 최초로 트랜지스터 라디오를 개발했고, 이후 워크맨, 플레이스테이션, 고급 오디오 기기 등 수많은 혁신 제품을 선보이며 세계적인 전자 기업으로 성장했습니다.

이부카 마사루가 강조했던 꾸준한 자기 개선은 단순한 기업 운영 철학이 아니라 개인의 성장에도 그대로 적용됩니다.

많은 사람들이 급격한 변화를 꿈꾸지만, 급진적인 변화는 오래 지속되기 어렵습니다. 반면, 하루 1%의 작은 변화는 시간이 지나 기하급수적인 차이를 만들어냅니다. 하루 1% 더 집중하면 1년 후 더 효율적인 사람이 될 수 있습니다. 하루 1% 더 운동하면 더 건강한 몸을 갖게 되고, 1% 더 친절해지면 관계는 더욱 깊어집니다. 이렇게 작은 변화들이 쌓이면 예상보다 큰 힘으로 우리에게 돌아옵니다. 꾸준한 1%의 변화가 진정한 변화를 만들어내는 열쇠입니다.

 **〈1% 자기 개선〉 실천하기**

1. 하루 10분 더 일찍 일어나서 이부자리를 정리한다.
2. 매일 영어단어를 하나씩 외운다.
3. 부정적인 표현을 긍정적인 말로 바꾼다.
4. 작은 성취를 기록하고 스스로에게 보상한다.
5. 불필요한 행동 하나를 줄이고, 집중력을 높이는 습관을 만든다.

나를 바꾸는 힘은 거대한 도약이 아니라 작은 1%의 개선에서 시작됩니다. 오늘의 작은 변화가 쌓이면 내일의 더 나은 나를 만날 수 있습니다. 중요한 것은 꾸준함과 작은 변화의 힘을 믿는 것입니다.

## 05
## 단 하나의 목표가 집중력을 높인다

우리는 하루에도 수많은 목표를 세웁니다. 더 건강해지고 싶고, 더 많은 책을 읽고 싶으며 업무에서 뛰어난 성과를 내고 싶습니다. 하지만 너무 많은 목표를 동시에 추구하다 보면 오히려 집중력이 흐려지고, 어느 하나도 제대로 이루지 못하는 경우가 많습니다. 진정한 성취는 단 하나의 목표에 집중할 때 비로소 이루어집니다. 목표가 명확할수록 에너지가 분산되지 않고 우리의 집중력은 극대화됩니다.

세계적인 투자자 워렌 버핏은 목표 설정에 대한 독특한 방법을 제안했습니다. 그는 자신의 개인 조종사에게 이렇게 조언했습니다. "이루고 싶은 25가지 목표를 적어라. 그중 가장 중요한 5가지만 선택해라. 나머지 20개 목표는 과감히 버려라."

버핏은 "성공한 사람과 정말 성공한 사람의 차이는 정말 성공한 사람들은 가장 중요한 목표 한두 개에만 집중한다는 점이다."라고 말했습니다. 우리가 모든 것을 다 이루려고 하면 결국 아무것도 이루지 못하게 됩니다. 단 하나의 목표에 집중할 때, 그 목표를 이루기 위한 추진력과 집중력이 극대화됩니다.

단 하나의 목표가 집중력을 높이는 이유는 간단합니다. 우선 불필요한 선택을 줄이게 됩니다. 여러 목표를 동시에 잡으면 해야 할 일이 많아지고 선택에 에너지를 소모하게 됩니다. 반면 단 하나의 목표에 집중하면 '해야 할 일'이 명확해지고 불필요한 고민이 사라집니다. 에너지도 분산되지 않습니다.

여러 일을 동시에 시도할 때는 어느 것도 100% 집중할 수 없습니다. 하지만 하나의 목표에 온전히 집중하면 모든 에너지를 그 목표에 쏟을 수 있습니다. 꾸준히 지속하기도 더 쉬워집니다. 여러 목표는 금세 피로감을 느끼게 하지만, 하나의 명확한 목표는 더 오래 지속해서 실현할 수 있는 힘을 줍니다.

 **〈단 하나의 목표〉에 집중하기**

1. 이루고 싶은 여러 목표 중에서 장기적 영향이 가장 큰 목표를 선택한다.
2. 목표는 구체적이고 측정 가능한 목표로 설정한다.
3. 목표를 여러 작은 단계로 나눠 실천 가능한 행동 계획을 수립한다.
4. 불필요한 약속과 방해 요소를 줄여 집중할 시간을 확보한다.

5. 목표 진행 상황을 주기적으로 확인하며 필요할 시 계획을 수정한다.

> 단 하나의 목표가 삶을 명확하고 단순하게 만들어 줍니다. 집중력은 성공의 열쇠이며, 하나의 목표에 모든 에너지를 쏟을 때 비로소 예상하지 못한 성과가 찾아옵니다.

## 06
## 작은 칭찬 하나로
## 자존감을 키우는 방법

우리의 자존감은 주변 환경과 타인의 말 속에서 형성됩니다. 어린 시절 부모와 교사의 칭찬 한마디가 큰 영향을 미치고, 성인이 되어서도 인정받는 경험은 자존감을 높이는 중요한 요소가 됩니다. 하지만 우리는 종종 칭찬보다는 지적을 더 많이 받습니다. 그래서 작은 칭찬 하나가 주는 힘은 예상보다 훨씬 강력합니다.

헬렌 필딩은 영국 출신의 작가이자 언론인으로, 그녀의 대표작 브리짓 존스의 일기는 전 세계적으로 큰 사랑을 받았습니다. 그녀는 1958년, 영국 요크셔에서 태어났으며, 옥스퍼드 대학교에서 영문학을 전공했습니다. 이후 BBC에서 다큐멘터리 제작자로 일하며 언론인으로 활동하던 중, 1995년 영국《인디펜던트(The Independent)》 신문에 브리짓 존스라는 캐릭터를 중심으로 칼럼을 연재하기 시작했습니다.

그녀는 편집장으로부터 "넌 정말 독특하고 유머 감각이 뛰어나. 너만의 시선으로 글을 써 보는 게 어때?"라는 말을 듣고 자신만의 글을 써야겠다는 결심을 하게 되었습니다. 이 작은 칭찬 하나가 그녀의 자존감을 회복시키는 계기가 되었고, 그녀는 일기 형식으로 써 오던 글을 발전시켜 1996년 소설 『브리짓 존스의 일기』를 출간하였습니다.

이 책은 출간과 동시에 베스트셀러가 되었고, 이후 2001년 동명의 영화로 제작되어 세계적인 성공을 거두었습니다. 헬렌 필딩은 이 작품을 통해 현대 여성의 삶과 연애, 자존감에 대한 현실적인 시각을 유머러스하게 풀어내며 세계적으로 영향력 있는 작가로 자리 잡았습니다.

칭찬은 다음과 같이 자존감을 높이는 강력한 원동력입니다.

첫째, 칭찬은 긍정적인 자아 이미지를 형성하는 데 도움을 줍니다. 누군가로부터 인정받으면 자신을 긍정적으로 바라볼 기회를 얻고 반복될수록 자신에 대한 신뢰가 커집니다.

둘째, 칭찬은 도파민 분비를 촉진해 동기 부여를 강화합니다. 도파민은 기쁨과 보상을 느끼게 해 더 나은 행동을 하도록 이끕니다. 이러한 과정은 우리를 더욱 적극적이고 자신감 있는 사람으로 변화시킵니다.

셋째, 칭찬은 행동의 지속성을 높입니다. 긍정적인 피드백은 좋은 행동을 반복하게 만드는 강력한 동기 부여가 됩니다. 작은 칭찬 하나도 꾸준함을 이어가게 하는 큰 힘이 될 수 있습니다.

**〈효과적인 칭찬〉 실천하기**

1. 결과보다 과정과 노력을 칭찬한다.
2. 구체적이고 진심 어린 마음으로 칭찬한다.
3. 존재 자체를 인정하는 마음으로 칭찬한다.
4. 즉시 칭찬한다.
5. 자신에게도 따뜻하게 칭찬한다.

> 작은 칭찬은 자존감을 키우는 씨앗입니다. 누군가에게 건네는 작은 칭찬 한마디가 상대방의 하루를 바꾸고 더 나아가 인생을 변화시킬지도 모릅니다. 우리가 주는 작은 배려가 상대방에게 큰 영향을 미친다는 것을 기억하시길 바랍니다.

## 07
## 작은 하나로 깨는
## 실패의 벽

우리는 실패를 두려워합니다. 실패는 좌절과 실망, 때로는 상실의 감정을 안겨주곤 합니다. 그래서 많은 이들이 시도조차 하지 않거나, 도전 앞에서 주저하지요. 그러나 삶을 변화시키고 새로운 가능성을 발견하는 순간은 언제나 하나의 시도에서 시작됩니다.

실패를 두려워하지 않는다는 것은 실패가 없다는 뜻이 아닙니다. 실패를 두려워하면서도 그 너머로 나아가는 용기를 가진다는 의미입니다.

심리학자 앨버트 반두라는 이를 '자기 효능감'이라는 개념으로 설명했습니다. 자기 효능감이 높은 사람은 실패를 두려워하기보다 '할 수 있다'는 믿음을 바탕으로 행동에 나섭니다. 따라서 실패할 수 있다는 가능성을 인정하면서도 그 경험에서 배우고 성장할 수 있다는 신념이 있기 때문에 한 번 더 시도할 용기를 갖게 됩니다.

실패를 두려워하지 않기 위해서는 실패에 대한 관점을 바꾸는 것이 중요합니다. 우리는 종종 실패를 '끝'이라 생각하지만, 실패는

'중간'이라고 할 수 있습니다. 실패는 피드백이며, 성장의 기회이며, 더 나은 방향을 찾게 해주는 이정표라는 말입니다. 실패 없이 이루어진 성공은 없으며 모든 성취는 수많은 실패의 흔적 위에 세워져 있습니다.

실패를 두려워하지 않기 위한 가장 현실적인 방법은 작은 시도부터 시작하는 것입니다. 너무 큰 목표는 오히려 실패에 대한 부담을 키우지만, 작은 시도는 부담을 줄이고 행동으로 옮기게 만듭니다. 그 작은 시도가 성공하면 자신감이 생기고 실패하더라도 감당할 수 있는 범위에서 배움을 얻을 수 있습니다.

중요한 것은 실패했느냐가 아니라 실패를 통해 무엇을 얻고 어떻게 다시 나아가는가입니다.

 **〈작은 하나의 시도〉가 실패를 두려워하지 않게 만드는 이유**

1. 실패에 대한 면역력을 키우기 위해서는 작은 시도를 반복하는 경험이 필요하다.
2. 완벽을 기대하지 않고 불완전한 상태에서 일단 시작하는 태도가 중요하다.
3. 실패를 했을 때 감정에 빠지기보다, 실패를 구체적으로 분석하는 태도가 필요하다.

4. 도전의 경험이 축적될수록 '실패'라는 단어가 무서운 것이 아니라 익숙한 것이 된다.
5. 실패를 자주 경험할수록 그것이 두려움의 대상이 아닌 성장의 발판임을 실감하게 된다.

> 실패는 상처가 될 수 있지만, 하지 않은 선택은 평생의 아쉬움으로 남죠. 하나의 시도는 실패를 두려워하지 않게 만드는 가장 강력한 방법입니다. 여러분 지금 할 수 있는 작은 시도 그것이 우리의 삶을 바꾸는 첫걸음이 될 것입니다.

## 08

# 1이라는 숫자 속에
# 숨은 의미

　숫자 '1'은 단순한 숫자가 아닙니다. 그것은 시작을 의미하고, 집중과 가능성을 상징합니다. 우리는 거대한 변화를 꿈꾸지만, 모든 변화는 단 하나의 선택과 행동에서 출발합니다.
　하나의 목표, 하나의 습관, 하나의 결정이 삶의 흐름을 완전히 바꿔놓을 수 있습니다. 모든 위대한 업적의 공통점은 바로 첫 번째 걸음이 있었기에 가능했다는 점입니다.

　빌 게이츠는 오늘날 세계적인 기업가이자 자선가로 알려져 있지만, 그의 성공도 단 하나의 선택에서 시작되었습니다. 그는 하버드 대학을 중퇴하고, "한 번 제대로 도전해 보자."라는 결심으로 친구 폴 앨런과 함께 작은 소프트웨어 회사를 창업했습니다. 그것이 바로 마이크로소프트였습니다.
　당시 대부분의 사람들은 개인용 컴퓨터가 필요하지 않다고 생각했지만, 빌 게이츠는 모두가 컴퓨터를 쉽게 사용할 수 있는 세상을 만든다는 하나의 목표를 정했습니다. 그 목표에 집중하며 작은 첫걸음을 내디딘 그는 결국 IT 혁신의 중심에 서게 되었습니다. 완벽한 순간을 기다리지 않고 단 하나의 선택을 실천했던 그 순간이 세계를 변화시키는 거대한 힘이 된 것입니다.

1이라는 숫자는 시작의 숫자이자, 집중의 숫자입니다. 하나의 목표에 몰두하면 성과가 달라지고, 하나의 작은 행동이 거대한 변화를 이끌어냅니다. 중요한 것은 완벽한 타이밍을 기다리는 것이 아니라, 지금 단 하나라도 시작하는 것입니다.

 **〈하나의 목표〉 실현하기**

1. 완벽한 타이밍은 존재하지 않으니 작은 행동이라도 지금 바로 시작한다.
2. 여러 목표를 동시에 추구하기보다 가장 중요한 하나에 에너지를 쏟는다.
3. 첫걸음의 성취를 눈으로 확인하면 더 큰 동기가 생긴다는 것을 기억한다.
4. 작은 조언도 새로운 방향을 제시할 수 있다는 것을 명심한다.
5. 모든 성공은 불완전한 첫 시도에서 시작되니 실패를 두려워하지 않는다.

하나의 작은 결정이 인생을 바꿀 수 있습니다. 지금의 '1'이 내일의 '100'이 될지도 모른다는 말입니다. 여러분 모든 것은 '1'에서 시작됩니다. 작은 시작이 큰 변화를 만들어내며, 그 첫걸음이 결국 인생을 변화시키는 중요한 순간이 될 수 있습니다.

## 09
## 하루 한 가지 성공으로 쌓이는 자신감

자신감은 타고나는 것이 아닙니다. 매일의 작은 성공이 쌓여 서서히 형성되는 것입니다. 우리는 종종 거창한 목표를 이루어야만 자신감을 얻을 수 있다고 착각하지만, 하루 한 가지 작은 성취만으로도 자신감은 충분히 키워질 수 있습니다.

자신감은 외부에서 주어지는 것이 아니라, 스스로 작은 성취를 경험하면서 커지는 내면의 힘입니다.

세계적인 피아니스트 조성진도 하루아침에 성공을 이룬 것이 아닙니다. 그는 어린 시절부터 매일 하나씩 목표를 설정하고, 이를 성취하는 방식으로 자신을 단련해 왔습니다.

한 곡의 특정 부분을 완벽하게 연주하는 것, 하루에 한 번은 만족할 만한 소리를 낼 때까지 연습하는 것, 연습이 끝난 후 자신의 연주를 들어보며 개선할 점을 찾는 것. 이처럼 사소해 보이는 목표를 하루하루 이루어 나가는 과정에서 그는 점점 더 자신감을 키웠습니다.

그렇게 쌓인 작은 성공들이 모여 결국 2015년 쇼팽 국제 피아노 콩쿠르에서 한국인 최초로 우승하는 성과를 이뤄냈습니다.

자신감은 거창한 결심에서 오는 것이 아닙니다. 작은 목표라도 꾸준히 이루어 나가는 과정에서 우리는 스스로를 신뢰하게 되고, 그 신뢰가 더 큰 도전을 가능하게 만듭니다.
하루 한 가지라도 성공하는 경험을 쌓아가는 것이 중요합니다. 그것이 쌓이면 어느 순간 자신을 되돌아보았을 때, 전보다 훨씬 더 성장한 자신을 발견할 수 있을 것입니다.

 **〈하루 한 가지 성공〉 쌓기**

1. 무리한 목표 대신 현실적이고 실행 가능한 목표를 선택한다.
2. 작은 성취도 기록으로 남겨 동기 부여의 기회로 삼는다.
3. 목표를 달성하지 못해도 시도 자체에 의미를 두고 이를 칭찬한다.
4. 하루가 끝나기 전, 자신에게 칭찬 한마디를 건네는 습관을 기른다.
5. 작은 성공을 축적해 더 큰 도전으로 확장한다.

작은 성공이 쌓이면 어느새 당신은 지금과는 완전히 다른 자신을 만나게 될 것입니다. 결국 작은 성공이 쌓이고 쌓여 더 큰 자신감을 키우는 시작이 될 것입니다. 매일의 작은 성취가 결국 큰 변화를 만들어내며 그 변화는 당신이 상상할 수 있는 것보다 더 큰 가능성을 열어줍니다.

## 10
## 단 한 번의 용기가 만들어낸 혁신

우리는 새로운 도전을 앞두고 망설이는 순간을 자주 경험합니다. 불확실한 미래, 실패에 대한 두려움, 주변의 시선이 우리의 발걸음을 멈추게 만듭니다. 하지만 우리가 '혁신'이라고 부르는 모든 변화의 시작점에는 단 한 번의 용기가 있습니다. 그 작은 한 걸음이 세상을 바꾸고 역사를 새로 씁니다.

세계적으로 가장 혁신적인 기업가로 알려진 일론 머스크도 처음부터 성공이 보장된 것은 아니었습니다. 그가 스페이스X를 설립하며 민간 우주 산업에 뛰어들었을 때, 대부분의 전문가들은 "민간 기업이 로켓을 발사하는 것은 불가능하다"라며 비웃었습니다. 실제로 스페이스X는 처음 세 번의 로켓 발사 실험에서 연속 실패했습니다. 수천억 원이 증발했고, 회사는 더 이상 운영할 자금조차 남지 않았습니다.

머스크는 네 번째 시도를 결심하며 말했습니다. "이번에도 실패하면 끝이지만, 단 한 번 더 해보겠다." 그리고 2008년, 네 번째 발사는 마침내 성공했습니다. 그 한 번의 용기가 민간 우주 산업의 새 시대를 열었고, 오늘날 스페이스X는 나사(NASA)와 협력하는 세계적인 기업이 되었습니다.

만약 머스크가 세 번째 실패 후 포기했다면, 우주 산업은 지금과는 전혀 다른 모습이었을 것입니다. 한 번의 용기가 불가능을 가능으로 바꿨습니다.

많은 사람들은 완벽한 준비가 되었을 때 시작하겠다고 말합니다. 하지만 완벽한 조건은 결코 오지 않습니다. 처음 사업을 시작할 때도 새로운 직업에 도전할 때도, 삶의 중요한 결정을 내릴 때도 언제나 불확실성은 존재합니다.

하지만 혁신을 이루는 사람들은 망설임 속에서도 용기를 내어 행동하는 사람들입니다. 한 번의 도전이 실패할 수도 있지만, 도전하지 않으면 기회조차 오지 않습니다. 단 한 번의 용기가 당신의 삶을 혁신적으로 변화시킬 수 있습니다.

## 🎯 〈용기〉를 실천하기

1. 실패를 두려워하지 말고 새로운 경험을 시도한다.
2. 완벽한 타이밍을 기다리지 말고 지금 바로 행동한다.
3. 도전의 결과보다 과정을 배우는 기회로 삼는다.

4. 작은 시도부터 시작해 점차 도전을 확장한다.
5. 스스로를 믿고 긍정적인 자기 대화로 용기를 강화한다.

> 한 번의 용기가 만들어낼 미래는 여러분의 상상 이상일 것입니다. 그 작은 용기가 새로운 길을 열고, 예상치 못한 가능성을 선사할 수 있습니다. 처음에는 두려움이 있을지라도, 그 용기가 결국 더 큰 자신감을 만들어내며, 미래의 자신을 빛나게 할 것입니다.

## 11
## 하나의 시도가
## 실패를 두려워하지 않는 법

우리는 새로운 도전을 앞두고 주저할 때가 많습니다. 가장 큰 이유는 실패에 대한 두려움입니다. 실패는 좌절과 실망을 안겨줄 수 있지만 끝이 아니라 성장의 과정이라는 것을 이해하는 순간, 두려움은 배움으로 바뀌게 됩니다. 실패를 두려워하지 않는 사람만이 더 많은 기회를 얻고 결국 원하는 목표에 도달하게 됩니다. 그리고 그 모든 변화는 하나의 시도에서 시작됩니다.

세계적인 기업가 잭 마의 삶은 실패를 두려워하지 않은 한 사람의 시도가 어떻게 성공으로 이어질 수 있는지를 보여줍니다. 그는 어린 시절부터 수많은 거절과 실패를 경험했습니다. 대학 입학시험에서 두 번 낙방했고, 졸업 후에도 지원한 30개 이상의 직장에서 모두 거절당했습니다. 심지어 KFC에서 일자리를 구하려 했을 때도 지원자 24명 중 23명이 합격하고, 유일하게 탈락한 사람이 바로 잭 마였습니다.

그러나 그는 포기하지 않았습니다. 그는 "실패는 나를 정의하는 것이 아니라 나를 성장시키는 과정이다."라는 신념을 가졌습니다. 결국 그는 온라인 시장의 가능성을 보고 알리바바를 창업했고, 초반에는 투자자들에게 외면당했지만, 끝까지 시도하며 회사를 성장시켜 나갔습니다. 그리고 지금 알리바바는 세계 최대의 전자상거래 기업 중 하나가 되었습니다. 만약 그가 실패를 두려워하고 시도하지 않았다면 그의 성공도 존재하지 않았을 것입니다.

무언가를 시작하기도 전에 겁을 먹고 포기하는 것만큼 어리석은 행동은 없습니다. 우리는 실패를 경험하며 성장해 가는 것입니다. 두려움을 없애고 목표에 도달하기 위해 노력하는 사람이 되어야 할 필요가 있습니다. 때론 그 실패가 우리를 깊은 절망 속으로 빠뜨리기도 하지만, 그 순간을 이겨내고 나면 분명 최고의 결과가 우리를 기다리고 있을 것입니다.

 **〈실패를 두려워하지 않는 태도〉 기르기**

1. 실패는 목표에 도달하기 위한 필수적인 경험이라는 것을 기억한다.
2. 큰 도전이 부담스럽다면, 작은 목표부터 실천해 본다.
3. 꼭 완벽함만을 추구하지 않는다.
4. 성공과 실패를 떠나 시도하는 자체가 이미 성장하고 있다는 것을 깨닫는다.

5. 실패의 기록을 복기하고 개선한다.

> 실패는 두려워할 대상이 아니라 성장으로 가는 과정입니다. 중요한 것은 다시 일어나 시도하는 용기입니다. 실패는 우리를 가르치고 더 나은 방향으로 나아가게 합니다. 다시 일어설 때, 우리는 더 강해지고, 더 많은 가능성을 향해 나아갈 수 있습니다.

## 1의 심리학과 자기 변화

인간의 행동과 심리는 매우 복잡하고 미묘하다. 사람들은 자신이 합리적인 판단을 내리고, 의지를 통해 자신을 변화시킬 수 있다고 믿지만, 엄밀히 말하면 우리의 행동은 무의식적인 습관과 환경에 의해 크게 좌우된다. 변화하려는 강한 결심을 하더라도 기존의 습관이 쉽게 사라지지 않는 이유가 여기에 있다. 심리학에서는 이러한 현상을 행동 관성이라고 부른다. 인간은 익숙한 행동을 반복하려는 경향이 있으며, 새로운 변화를 시도하는 데 많은 에너지를 필요로 한다. 그렇기 때문에 변화는 커다란 결심이 아니라, 무의식을 서서히 조정하는 작은 행동의 반복을 통해 더 효과적으로 이루어진다.

자기 변화의 심리학을 이해하려면 인지 부조화 이론을 살펴볼 필요가 있다. 우리는 나 자신을 일관된 존재로 인식하려는 심리적 욕구를 갖고 있다. 그러나 실제 행동이 기대와 맞지 않으면 심리적 불편함을 느낀다. 예를 들어, '나는 건강을 중요하게 생각하는 사람이야'라고 생각하면서도 매일 운동을 미루는 사람은 자신을 속이거나, 변명을 만들거나, 혹은 불편함을 견디지 못해 결국 운동을 시작하게 된다. 이는 우리 내면에서 자연스럽게 변화를 유도하는 심리적 메커니즘이다. 단 하나의 작은 행동 변화가 지속되면 우리의 정체성 역시 새로운 방향으로 조정된다. 변화가 어려운 이유는 우리가 익숙한 정체성을 쉽게 버리지 못하기 때문이지만, 반대로 작은 변화들이 반복되면 새로운 정체성이 형성된다.

심리학에서는 사람들의 행동을 결정하는 주요 요소로 자기 효능감을 강조하는데, 이는 자신이 특정한 행동을 성공적으로 수행할 수 있다는 신념이다. 자기 효능감이 높은 사람들은 실패를 하더라도 그것을 성장의 과정으로 받아들이고, 다시 도전하는 경향이 있다. 반면, 자기 효능감이 낮은 사람들은 작은 실패에도 쉽게 좌절하고, 아예 시도조차 하지 않으려 한다. 자기 효능감을 높이는 가장 좋은 방법은 작은 성공 경험을 쌓는 것이다. 처음부터 큰 목표를 설정하고 완벽을 기대하기보다, 아주 작은 목표라도 달성하며 자기 신뢰를 구축하는 것이 중요하다. 한 연구에서는 단순히 '오늘 할 일을 종이에 적고, 완료된 항목을 체크하는 것'만으로도 성취감이 증가하고, 다음 행동으로 이어질 가능성이 높아진다는 결과가 나왔다.

또한, 습관 고착의 원리를 이해하는 것도 자기 변화에 도움이 된다. 새로운 습관을 만들기 위해서는 반복'이 필수적이지만 단순히 반복한다고 습관이 형성되는 것은 아니다. 습관은 보상 체계와 연결될 때 더 강하게 자리 잡는다. 심리학자들은 새로운 행동을 쉽게 지속할 수 있도록 하기 위해 즉각적 보상을 강조한다. 예를 들어, 운동을 하고 난 후 바로 긍정적인 감정을 느끼도록 유도하는 것이 장기적인 습관 형성에 도움이 된다. 반면, 보상이 없는 행동은 쉽게 포기되거나 미루게 된다. 이를 활용해 변화하려면 작은 성취를 즉각적으로 보상하는 시스템을 만들어야 한다.

우리는 프레이밍 효과를 통해 같은 행동도 어떻게 인식하느냐에 따라 결과가 달라질 수 있다는 것을 이해할 필요가 있다. 예를 들어, "운동을 하지 않으면 건강을 잃는다"라고 말할 때보다, "운동을 하면 몸이 가벼워지고 기분이 좋아진다"라고 말할 때 사람들이 더 쉽게 행동으로 옮긴다. 이는 인간이 긍정적인 방향으로 제시된 정보에 더 반응하는 경향이 있기 때문이다. 결국 변화하고 싶다면 스스로에게 부정적인 동기가 아니라, 긍정적인 동기를 부여하는 것이 중요하다는 말이다. 아울러 행동 설계 개념을 적용하면 변화는 훨씬 쉬워진다. 심리학자들은 사람들이 변화를 지속하지 못하는 이유가 의지력 부족이 아니라, 환경이 변화에 적합하지 않기 때문이라고 말한다.

결국 자기 변화는 단순한 결심으로 이루어지지 않는다. 인간의 심리는 복잡하고 변화를 방해하는 수많은 요소들이 존재한다. 하지만 심리학적 원리를 이해하고 이를 실생활에 적용하면 변화는 훨씬 쉬워진다. 작은 행동 하나가 무의식을 바꾸고 반복이 새로운 습관을 만들며 환경이 적절하게 조성될 때 변화는 자연스럽게 지속된다. 우리는 큰 결심을 하려는 대신, 심리적 장벽을 낮추고 변화가 쉽게 이루어지도록 시스템을 설계해야 한다. 그러한 작은 변화가 결국에는 우리의 정체성을 바꾸고 인생 전체를 변화시키는 출발점이 된다.

*"우리가 선택해야 할 것은
'어떻게 변화할 것인가?'가 아니라
'어떻게 하면 변화를
쉽게 만들 것인가?'이다."*

Chapter 5

# 관계 속의 1

우리는 다른 사람과의
관계 속에서 성장하고,
관계 속에서 사랑을 배운다.

- 달라이 라마 -

## 01
## 하나의 말이 사람을 움직인다

　말에는 힘이 있습니다. 때로는 칼보다 날카롭게 상처를 주기도 하고 때로는 절망 속에 있는 사람을 다시 일어서게 만드는 원동력이 되기도 합니다. 우리가 무심코 던진 한마디가 누군가의 삶을 바꿀 수 있다는 사실을 우리는 종종 잊고 살아갑니다. 하지만 분명한 것은 말은 사람을 움직이는 가장 강력한 도구라는 것입니다.

　1940년, 제2차 세계대전이 한창일 때, 영국은 독일의 강력한 공습을 받고 있었습니다. 전쟁의 공포 속에서 국민들은 패배주의에 빠져 있었고, 희망은 점점 사라져 갔습니다. 바로 그때, 영국 총리 윈스턴 처칠이 국민들에게 한 연설이 있었습니다.

"우리는 해변에서 싸울 것이며, 비행장에서 싸울 것이며,
들판과 거리에서 싸울 것이며,
우리는 결코 항복하지 않을 것이다."

이 단 한마디가 영국 국민에게 용기를 불어넣었습니다. 모든 것이 무너질 것 같았던 그 순간, 처칠의 말은 사람들의 마음을 움직였고, 결국 영국은 끝까지 싸우며 전쟁을 승리로 이끌었습니다. 만약 그가 침묵했다면 국민들은 절망 속에서 무너졌을지도 모릅니다. 하지만 그의 말 한마디가 영국을 다시 일어서게 만들었습니다.

말의 힘은 여기서 끝나지 않습니다. 말은 감정을 움직이고, 행동을 이끌며, 사람과 사람 사이의 관계를 변화시킵니다. "넌 할 수 있어."라는 격려 한마디는 누군가에게 새로운 용기를 줄 수 있습니다. 반면에, "넌 안 될 거야."라는 부정적인 말은 누군가의 꿈을 꺾을 수도 있습니다. 말은 우리의 내면에 믿음을 심어주기도 하고, 반대로 상처를 남기기도 합니다.

 **〈말이 사람을 움직이는〉 이유**

1. 진심 어린 말은 사람의 감정을 깊이 울린다.
2. 작은 격려도 누군가를 행동하게 만든다.
3. 따뜻한 말은 관계를 더 단단히 만들어 준다.
4. 긍정적인 말은 새로운 도전의 에너지를 준다.
5. 오래도록 잊히지 않는 한마디가 삶의 전환점이 되기도 한다.

말은 한순간에 사라지는 것이 아니라 누군가의 마음속에 오래 남아 때로는 행동을 바꾸고 때로는 인생을 바꿉니다. 말의 힘을 알고 사용하는 사람은 세상에 따뜻한 변화를 만들어갑니다.

## 02
# 단 한 번의 사과가
# 관계를 살린다

인간관계에서 갈등은 피할 수 없는 부분입니다. 우리는 때로는 의도치 않게 실수하고 무심코 던진 말이 상대방에게 상처를 주기도 합니다. 하지만 관계를 깨뜨리는 것은 갈등 그 자체가 아니라 그 갈등을 해결하지 않고 방치하는 태도입니다.

감정을 회복하는 가장 강력한 방법은 바로 진심 어린 사과입니다. 사과는 단순한 말이 아닌 깨진 관계를 회복하고 더 깊은 신뢰를 쌓는 첫걸음이 됩니다.

미국의 16대 대통령 에이브러햄 링컨은 젊은 시절, 신문에 상대를 비난하는 글을 쓴 적이 있었습니다. 이에 분노한 상대는 링컨에게 결투를 신청했고, 둘은 실제로 목숨을 걸고 싸우게 될 위기에 처했습니다.

하지만 링컨은 결투 직전 자신의 잘못을 인정하고 진심 어린 사과를 했습니다. 그 사과 덕분에 결투는 취소되었고, 둘은 나중에 친구가 되었습니다. 만약 그가 사과하지 않았다면 무의미한 싸움 속에서 목숨을 잃었을지도 모릅니다. 그러나 단 한 번의 사과가 관계뿐만 아니라 그의 인생을 바꾼 것입니다.

사람들은 실수 자체보다 그 실수에 대한 태도에서 더 큰 상처를 받습니다. "미안해"라는 짧은 한마디가 상대방의 닫힌 마음을 풀어주고 다시 관계를 회복할 기회를 제공합니다. 사과는 결코 약함의 표현이 아닙니다. 오히려 용기와 성숙함을 보여주는 행동입니다. 진심 어린 사과는 상대방에게 위로와 신뢰를 전하며, 더 깊은 유대감을 형성하게 만듭니다.

 **〈진심 어린 사과〉 전하기**

1. 시간이 지나면 진정성이 약해질 수 있으니 빠르게 인정한다.
2. "하지만"으로 시작하는 사과는 오히려 상대를 더 상처 입힐 수 있으니 변명하지 않는다.
3. 어떤 부분에서 실수했는지 명확히 말해본다.
4. 상대방의 감정에 공감한다.
5. 다시 같은 실수를 반복하지 않겠다는 의지를 보여준다.

사과는 새로운 시작의 열쇠입니다. 우리가 사과를 통해 진심을 전할 때, 관계는 다시 살아나고 더 단단해집니다. 누군가와의 관계가 마음에 걸린다면 지금이 바로 다가가야 할 순간입니다.

## 03 하나의 미소가 만드는 신뢰의 시작

 사람과 사람 사이에서 가장 중요한 것은 신뢰입니다. 신뢰가 없으면 관계는 쉽게 흔들리고 진심도 전달되지 않습니다. 하지만 신뢰는 하루아침에 쌓이는 것이 아닙니다. 작은 행동, 사소한 표현들이 모여 신뢰를 형성합니다. 그리고 그중 가장 쉬우면서도 강력한 것이 바로 '미소'입니다.

 하나의 미소는 단순한 표정이 아닙니다. 그것은 상대에게 보내는 안전함과 따뜻함의 신호이며 관계를 시작하고 깊게 만드는 가장 중요한 요소입니다. 미소를 짓는 순간 상대방은 경계를 풀고 마음을 열기 시작합니다.

 남아프리카공화국의 첫 흑인 대통령 넬슨 만델라는 오랜 세월 감옥에서 인종 차별과 싸워온 인물이었습니다. 그가 대통령이 되었을 때, 많은 백인은 그가 보복할 것을 두려워했습니다.

 그러나 만델라는 그들에게 따뜻한 미소를 보였습니다. 그는 자신을 가둔 사람들과도 악수를 나누며, 미소로 그들을 안심시켰습니다. 그의 미소는 단순한 표정이 아니었습니다. "나는 복수가 아니라 화합을 원한다."는 메시지를 담은 강력한 신호였습니다.

그 결과, 그의 미소 하나는 백인과 흑인 사이의 불신을 조금씩 허물었고, 결국 남아프리카공화국이 평화적으로 화합하는 데 중요한 역할을 했습니다.

미소가 신뢰를 만드는 이유는 간단합니다. 미소는 상대를 편안하게 만들기 때문입니다. 처음 만난 사람과의 대화에서 미소를 짓는 것만으로도 긴장을 풀고 호감을 형성할 수 있습니다.

미소는 진심을 전달하는 가장 빠른 방법이기도 합니다. 아무리 좋은 말을 해도 표정이 차갑다면 신뢰가 생기지 않습니다. 하지만 따뜻한 미소와 함께하는 말은 마음을 움직입니다. 중요한 협상 자리에서도 친구와의 관계에서도, 미소를 짓는 사람에게는 마음을 더 쉽게 열게 됩니다.

 **〈미소로 신뢰〉 만들기**

1. 첫인사에 미소를 전한다.
2. 긴장된 상황일수록 미소로 분위기를 부드럽게 다진다.
3. 미소는 비언어적 메시지로 더 큰 신뢰를 전달한다는 것을 기억한다.
4. 눈을 보고 진심 어린 미소를 짓는 것이 중요하다는 것을 명심한다.

5. 작은 감사의 표현도 미소로 시작해 본다.

미소는 단순히 기분 좋은 표정이 아니라 신뢰의 시작이 될 수 있습니다. 진심 어린 미소는 사람의 마음을 열고, 관계를 단단하게 만듭니다. 때로는 말보다 더 강력한 힘을 발휘하기도 합니다.

## 04
## 1% 더 배려할 때 관계가 달라진다

우리는 관계를 맺으며 살아갑니다. 가족, 친구, 동료, 그리고 낯선 사람들까지 세상은 수많은 관계 속에서 움직이고 있습니다. 하지만 좋은 관계는 저절로 유지되지 않습니다. 사소한 오해 하나가 관계를 멀어지게 하고, 작은 배려 하나가 관계를 더 깊어지게 만듭니다. 그리고 때로는 단 1%의 배려가 관계를 완전히 변화시키는 계기가 됩니다.

세계적인 심리학자 존 가트맨은 미국 워싱턴대학교에서 1970년대부터 부부 관계에 대한 연구를 진행하며, 부부 관계를 유지하는 가장 중요한 요소 중 하나가 작은 친절과 배려의 반복이라는 사실을 밝혀냈습니다.

그는 40년 이상 수천 쌍의 부부를 연구하면서 행복한 관계를 유지하는 부부들에게는 공통적인 특징이 있다는 것을 발견했습니다. 그것은 바로 사소한 배려를 지속적으로 실천하는 태도였습니다. 배우자가 말할 때 눈을 마주치는 것, 아침에 먼저 따뜻한 인사를 건네는 것, 피곤한 하루를 보낸 상대에게 작은 격려의 말을 전하는 것, 이러한 작은 행동들이 모여 신뢰와 애정을 키우고, 관계를 더욱 단단하게 만들어 줍니다.

존 가트맨은 이러한 연구 결과를 바탕으로 1999년 『행복한 결혼을 만드는 7가지 원칙』을 출간, 많은 부부들에게 실질적인 조언을 제공하며, 심리학계와 대중에게 큰 영향을 미쳤습니다. 그의 연구는 오늘날까지도 부부 상담과 관계 심리학 분야에서 중요한 지침으로 활용되고 있습니다.

배려는 거창한 것이 아닙니다. "수고했어." 한마디가 상대를 위로할 수 있고, 바쁜 와중에도 잠시 시간을 내어 상대의 이야기를 들어주는 것이 신뢰를 쌓아갑니다.

1%의 배려란 내가 크게 힘들이지 않고도 상대에게 줄 수 있는 아주 작은 관심입니다. 하지만 그것이 쌓일 때, 관계는 놀랍도록 달라집니다. 반대로 관계가 소원해지는 이유는 대부분 크게 잘못해서가 아니라 사소한 배려가 줄어들기 때문입니다.

한 번의 실수가 아니라 작은 무관심이 반복될 때 관계는 멀어집니다. 그래서 우리는 기억해야 합니다. 좋은 관계는 노력 없이 지속되지 않습니다. 단 1%의 배려를 더할 때, 관계는 더욱 깊어지고 오래 지속될 수 있습니다.

##  〈1%의 배려〉로 관계 변화시키기

1. 작은 행동 하나가 상대의 마음을 열고 관계의 기초가 된다는 것을 기억한다.
2. 상대의 감정에 반응하고 공감할 때 서로 더 깊이 이해할 수 있다는 것을 깨닫는다.
3. 작은 친절로 주변의 분위기를 변화시키며 더 많은 긍정을 불러옴을 이해한다.
4. 거창한 표현보다 일상의 사소한 배려로 관계를 오래 유지한다.
5. 다툼이나 갈등 속에서도 작은 배려가 관계를 회복하는 출발점이 된다는 것을 명심한다.

> 1%의 배려는 사소해 보일 수 있지만, 그것이 모이면 관계를 변화시키는 가장 강력한 힘이 됩니다. 결국 일상 속 작은 배려가 서로의 신뢰와 이해를 쌓는 중요한 토대가 됩니다.

## 05
## 단 한 번의 경청이 주는 신뢰의 힘

 우리는 대화를 할 때, 듣기보다 말하는 것에 더 집중하는 경우가 많습니다. 하지만 진정한 소통은 듣는 것에서 시작됩니다. 누군가의 이야기를 귀 기울여 듣는 순간, 우리는 단순한 대화를 넘어 신뢰를 쌓는 과정을 경험하게 됩니다.

 경청은 상대를 존중하는 가장 강력한 표현이자 관계를 변화시키는 중요한 요소입니다. 한 번의 진심 어린 경청이 상대의 마음을 움직이고, 더 깊은 신뢰를 형성할 수 있습니다.

 대한민국 독립운동가 신채호의 아내, 박자혜는 경청의 힘으로 주변의 마음을 움직인 사례로 유명합니다. 박자혜(경기도 양주, 1895~1943)는 일제강점기 간호사로 일하며 수많은 독립운동가의 치료와 돌봄을 도맡았습니다. 그들이 겪는 고통을 직접 해결할 수는 없었지만, 그녀는 언제나 그들의 이야기를 끝까지 들어주었습니다.

 병상에 누운 독립운동가들은 박자혜에게 자신의 아픔과 고독을 털어놓았고, 그녀는 조언 대신 진심 어린 경청으로 위로를 전했습니다. 박자혜의 경청은 그들에게 힘과 용기를 주었고, 이를 통해 수많은 독립운동가들이 다시 일어설 수 있는 힘을 얻었습니다.

진정한 소통은 듣는 것에서 시작됩니다. 박자혜의 사례처럼, 경청은 단순한 대화 이상의 힘을 가지고 있으며, 상대에게 위로와 용기를 줄 수 있습니다. 사람들은 자신의 말을 들어주는 이에게 마음을 열고, 그 신뢰는 관계를 깊어지게 만듭니다. 한 번의 진심 어린 경청이 누군가의 삶을 변화시킬 수도 있습니다. 경청은 상대를 존중하는 가장 강력한 선택이며, 관계를 변화시키는 중요한 요소입니다.

 **〈경청으로 신뢰〉 쌓기**

1. 말하는 사람에게 충분한 시간을 준다.
2. 공감과 피드백을 적절히 표현한다.
3. 눈을 마주치며 듣는 것만으로도 상대는 자신의 말이 중요하다고 느끼므로 시선을 마주치며 집중한다.
4. 조언이 필요하지 않을 때는 해결보다 공감에 집중한다.
5. 판단하지 않고 열린 자세로 듣는다.

단 한 번의 경청이 때로는 긴 조언보다 더 큰 위로가 될 수 있습니다. 신뢰는 우리가 상대의 목소리에 귀 기울이는 작은 순간부터 시작됩니다. 진심으로 듣는 마음은 상대방에게 큰 안도감을 주고 그 사람과의 관계를 깊고 의미 있게 만듭니다. 경청은 말보다 강력한 소통의 도구임을 기억하세요.

## 06

## 하나의 선의가 변화시킨 공동체

세상은 경쟁과 개인주의로 가득 차 있지만, 단 하나의 선의(善意)가 공동체를 변화시킬 수 있습니다. 우리는 때때로 세상을 바꾸려면 거대한 노력이 필요하다고 생각하지만, 진심 어린 작은 행동 하나가 사람들의 마음을 움직이고 그 파급력이 사회 전체로 퍼질 수도 있습니다.

우리가 나눈 작은 친절과 배려가 예상치 못한 방식으로 돌아올 때가 있습니다. 그리고 그 작은 선의가 쌓이면 결국 공동체 전체를 변화시키는 힘이 됩니다.

2005년, 한 미국 여성 제시카 재클리는 우간다를 방문한 후, 가난 속에서 살아가는 사람들을 돕고 싶다는 강한 열망을 품었습니다. 하지만 그녀는 거대한 자본이 없는 평범한 사람이었고 큰 기부 단체를 운영할 수도 없었습니다. 그러던 중, 그녀는 작은 금액으로도 누군가의 삶을 변화시킬 수 있다는 사실을 깨달았습니다. "만약 우리가 돈을 기부하는 것이 아니라, 소액을 빌려줄 수 있다면 어떨까?"

그녀는 세계 곳곳의 저소득층 소상공인들에게 소액 대출을 해주는 온라인 플랫폼 키바를 설립했습니다. 이 플랫폼을 통해 사람들은 단돈 25달러의 적은 비용이라도 필요한 사람들에게 무이자로 대출할 수 있었고, 대출을 받은 사람들은 자립할 수 있는 기회를 얻게 되었습니다.

처음에는 몇 명의 기부자와 몇 명의 대출자로 시작되었지만, 그 선한 의도가 전 세계로 퍼져나갔습니다. 현재까지 190개국에서 20억 달러 이상의 소액 대출이 이루어졌고, 수천만 명의 삶이 바뀌었습니다. 제시카의 작은 선의 하나가 전 세계 공동체를 변화시키는 거대한 움직임이 된 것입니다.

선의가 공동체를 변화시키는 이유는, 선의는 나눌수록 확산되기 때문입니다. 작은 친절 하나가 연쇄적으로 퍼지며 더 큰 긍정적인 변화를 이끌고, 누군가에게 도움을 받은 사람은 또 다른 사람에게 선의를 베풀 가능성이 높습니다.

그리고 선의는 공동체의 신뢰를 만듭니다. "내가 어려울 때 누군가 나를 도울 것이다."라는 믿음이 생기면 공동체는 더욱 건강해집니다. 서로 돕는 문화가 자리 잡으면 사람들은 더 큰 용기와 희망을 가질 수 있기 때문입니다.

선의는 거창한 것이 아니며, 작은 나눔과 따뜻한 말 한마디, 힘든 사람을 돕는 작은 행동 하나가 사회를 바꾸는 시작점이 되는 것입니다.

**〈하나의 선의〉로 공동체 변화시키기**

1. 일상 속 작은 친절이 공동체의 변화를 시작한다는 것을 기억한다.
2. 도움을 받은 사람이 다시 선의를 베풀며 선순환이 일어난다는 것을 기억한다.
3. 따뜻한 말 한마디와 작은 나눔이 신뢰를 쌓는 중요한 요소임을 인식한다.
4. 단순한 행동이더라도 진심을 담아 실천하며 선의의 힘을 믿는다.
5. 한 사람의 작은 변화가 커다란 사회적 움직임으로 이어질 수 있음을 명심한다.

> 작은 선의는 세상을 바꾸는 첫걸음입니다. 그 시작은 바로 당신의 행동에서 시작됩니다. 한 사람의 선한 마음과 행동이 주변에 긍정적인 영향을 미치며 그 영향이 점점 확장되어 결국 큰 변화를 이끌어낼 수 있습니다. 중요한 것은 그 작은 선의의 첫 걸음을 내딛는 용기입니다.

## 07
## 하나의 오해가 부른 관계의 균열

 인간관계에서 가장 흔한 갈등의 원인은 오해입니다. 우리는 때때로 상대의 의도를 정확히 이해하지 못하고 자신의 감정과 경험을 덧씌워 해석하곤 합니다. 사소한 오해 하나가 풀리지 않은 채 쌓이면 결국 가까웠던 관계도 멀어지고 깊은 균열로 이어질 수 있습니다.
 오해는 한순간에 발생하지만, 그것을 풀지 않으면 오랜 시간 동안 관계를 어긋나게 만듭니다. 중요한 것은 오해를 인식하고 해결하려는 노력이 관계를 지키는 핵심이라는 점입니다.

 마하트마 간디와 그의 정치적 동료 사이에서도 오해가 있었습니다. 간디가 비폭력 운동을 펼칠 당시, 일부 동료들은 그의 방식이 너무 느리고 비현실적이라며 등을 돌렸습니다. 간디 역시 동료들의 태도를 배신으로 여겨 깊은 실망을 느꼈습니다. 그러나 시간이 흐르면서 그는 직접 그들을 찾아가 대화하고 자신이 추구하는 가치와 진심을 전달했습니다. 그 과정에서 오해가 풀렸고, 결국 그 동료들은 간디의 곁으로 돌아와 함께 독립운동을 이어갔습니다.

만약 간디가 오해를 방치했다면, 인도의 독립은 훨씬 더 어려운 길이 되었을지도 모릅니다.

오해가 관계를 깨뜨리는 이유는 감정을 확대하기 때문입니다. 상대방의 의도를 잘못 해석하면 서운함과 불신이 커지고 감정이 극단적으로 흐를 수 있습니다. 그리고 그러한 오해는 대화 부족에서부터 오게 됩니다. 직접 묻지 않고 추측만 하면 상대의 진심을 오해한 채 감정적으로 반응하게 됩니다. 오해가 풀리지 않으면 상대방에 대한 신뢰가 점점 낮아지고 관계가 서서히 멀어질 수 있습니다. 따라서 지속적인 소통을 통해 신뢰를 이어가는 관계가 필요하다.

 **〈오해로 인한 갈등〉 예방하고 해결하기**

1. 오해가 생겼을 때 즉각적으로 확인하는 것이 중요하므로 즉시 확인한다.
2. 상대의 말을 해석하기보다는 있는 그대로 듣는 태도를 유지한다
3. 상대의 감정에 공감하려는 시도를 해본다.
4. 글보다는 말, 그리고 전화보다는 직접 만남이 더 효과적이라는 것을 기억한다.
5. 적극적으로 오해를 풀려는 태도를 갖는다.

오해는 관계를 위기로 몰고 가기도 하지만, 풀리는 순간 더 단단한 유대감을 만들어줍니다. 오해를 방치하지 말고 적극적으로 해결하려는 태도가 관계를 지키는 가장 확실한 방법입니다.

## 08
## 하나의 작은 다짐이 큰 화해로 이어질 때

인간관계에서 갈등은 피할 수 없는 요소입니다. 가까운 사이일수록 깊은 감정을 공유하기에 사소한 오해나 감정의 차이가 의외로 큰 갈등으로 번지곤 합니다. 한순간의 말실수, 의도와 다르게 전달된 행동, 혹은 쌓인 감정이 폭발하면서 관계가 단절되는 일도 흔합니다.

하지만 갈등이 영원히 지속되는 것은 아닙니다. 관계를 회복하는 중요한 열쇠는 작은 다짐에서 시작됩니다. 먼저 다가가겠다는 다짐이 행동으로 이어지는 순간, 멀어졌던 관계도 다시 가까워질 수 있습니다.

1980년대, 법조계에서 활약하던 대한민국의 인권변호사 조영래는 당시 억울한 사연을 가진 노동자와의 갈등을 극복하며 관계 회복의 가치를 경험한 적이 있습니다.

사건 해결 과정에서 서로의 입장이 충돌하면서 오해가 깊어졌지만, 조영래 변호사는 먼저 사과하고 경청하기로 결심했습니다. 그는 자신의 태도에서 부족했던 부분을 솔직히 인정하고 노동자의 이야기를 끝까지 들었습니다. 경청에 관한 그 작은 다짐 하나가 갈등을 풀고 다시 신뢰를 회복하는 계기가 되었으며, 이후 그 노동자와는 오히려 더 깊은 관계를 맺게 되었습니다.

갈등을 피할 수는 없지만, 해결의 열쇠는 작은 다짐에서 시작됩니다. 조영래 변호사가 먼저 사과하고 경청하기로 결심한 것처럼 관계 회복은 상대보다 먼저 한 걸음 다가가는 용기에서 비롯됩니다. 진심 어린 사과와 이해하려는 태도는 오해를 풀고 신뢰를 회복하는 힘이 됩니다.

갈등이 지속될지 관계가 회복될지는 결국 우리의 선택에 달려 있습니다. 먼저 다가가는 작은 다짐이야말로 관계를 회복하는 가장 강력한 선택입니다.

 **〈작은 다짐〉이 화해를 이끄는 이유**

1. 마음을 열어주는 첫걸음이기 때문이다.
2. 감정을 풀어주는 시작점이 되기 때문이다.
3. 기다리고 있던 상대에게 다가갈 기회를 준다.
4. 시간이 지날수록 더 어려워지는 벽을 허무는 힘이 있다.
5. 오해와 감정의 앙금을 대화로 풀 기회를 만든다.

화해는 절대 거창한 사건이 아닙니다. 먼저 다가가고자 하는 마음, 상대의 말을 들어보겠다는 자세, 단순한 한마디의 안부 인사로도 충분합니다. 관계를 회복하는 길은 작은 다짐 하나에서 시작되며, 그 다짐은 결국 우리를 더 깊고 단단한 관계로 이끌어줍니다.

## 09
## 하나의 진심이 주는 감동

진심은 말보다 강력한 힘을 가지고 있습니다. 때로는 화려한 언어보다 진심 어린 행동 하나가 더 깊은 울림을 남기며 사람의 마음을 움직입니다. 진심은 꾸며낼 수 없고, 가식적인 표현으로는 상대의 마음에 다가갈 수 없습니다. 진심에서 우러나온 말과 행동은 시간이 지나도 사람들의 기억 속에 따뜻한 흔적으로 남습니다. 우리가 누군가의 진심을 느낄 때, 그것은 단순한 위로가 아니라 우리 내면에 큰 변화를 일으키는 계기가 되기도 합니다.

일본의 작가 나쓰메 소세키는 교사로 재직할 당시, 한 학생에게 큰 변화를 일으킨 적이 있습니다. 그는 수업을 듣던 학생 중 한 명이 항상 자존감이 낮아 보인다는 걸 느꼈습니다. 그 학생은 친구들과 잘 어울리지 못했고, 자신이 발표할 때마다 주눅이 들곤 했습니다.

어느 날 소세키는 조용히 그 학생을 불러 이렇게 말했습니다. "네가 가진 생각은 매우 독창적이야. 너의 글을 읽으면 깊은 통찰이 느껴져. 나도 네가 더 많이 쓰길 기대하고 있어." 이 말은 그 학생의 삶을 변화시켰습니다. 그는 글쓰기에 자신감을 얻었고, 시간이 흐르며 훌륭한 작가로 성장했습니다. 후에 그는 "그때 선생님의 한마디가 내 인생의 방향을 바꿨다."고 고백했습니다.

진심이 사람을 움직이는 이유는 그 말이 단순한 위로나 격려가 아니라, 상대방의 존재를 인정하고 존중하는 마음에서 비롯되기 때문입니다. 진심 어린 말은 상대에게 "나는 너를 믿어.", "나는 네 가치를 알아."라는 메시지를 전합니다.

사람은 누구나 자신이 특별하다는 사실을 확인받고 싶어 합니다. 진심이 담긴 말과 행동은 이 확인을 통해 자신감을 불어넣고 삶의 방향을 변화시키는 중요한 역할을 합니다.

 **〈진심이 전하는 울림〉 실천하기**

1. 상대의 이야기를 잘 경청한 후 말을 이어간다.
2. 복잡한 미사여구보다 짧더라도 솔직한 언어를 사용한다.
3. 행동으로 진심을 표현한다.
4. 상대의 존재를 인정하는 "너는 소중한 사람이야." 같은 표현을 건넨다.
5. 시간을 두고 반복적으로 마음을 표현한다.

진심이 담긴 말과 행동이 쌓일 때 우리는 서로에게 더 따뜻한 세상을 선물할 수 있습니다. 작은 친절과 배려가 누군가의 마음을 따뜻하게 하고, 그 따뜻함이 또 다른 친절로 이어져 세상을 더 나은 곳으로 만듭니다.

## 10
## 단 하나의 손길로 만들어지는 기적

우리는 종종, 기적이란 아주 특별한 상황에서만 일어나는 것이라 생각합니다. 하지만 기적은 예상치 못한 순간, 단 하나의 손길에서 시작될 수 있습니다. 따뜻한 손길 하나가 누군가의 삶을 변화시키고 절망 속에서 희망을 발견하게 만들며, 때로는 커다란 변화를 불러오기도 합니다.

1968년, 한국에서 가난과 질병으로 고통받던 한 소년이 있었습니다. 그는 선천적으로 다리가 불편했고, 가족의 경제적 형편이 어려워 제대로 된 치료를 받을 수 없었습니다.

어느 날, 한 의사가 이 소년을 우연히 만나게 되었고 그의 상황을 알게 되었습니다. 이 의사는 소년을 그냥 지나치지 않았습니다. 그는 자신의 병원에서 무료 치료를 제공하고 보행 보조기를 만들어 주었습니다. 소년은 오랜 시간 치료를 받으며 걸을 수 있는 힘을 되찾았고, 의사의 따뜻한 손길 덕분에 새로운 삶을 살게 되었습니다.

그 소년은 자라서 대한민국을 대표하는 장애인 인권 운동가가 되었고, 이후 강영우 박사라는 이름으로 널리 알려지게 되었습니다. 강영우 박사는 한국 최초의 시각장애인 박사가 되었으며, 미국 백악관 장애인 정책 자문위원으로 활동하며, 전 세계 장애인의 권리를 위해 헌신했습니다. 그는 훗날 "한 사람의 작은 배려가 내 인생을 바꾸었다. 그 손길이 없었다면 나는 여기까지 오지 못했을 것이다."라고 회고했습니다.

이처럼 단 하나의 손길이 누군가의 삶에 기적을 가져올 수 있습니다. 그 손길이 반드시 특별한 사람이 아니어도 됩니다. 길을 잃고 힘들어하는 사람에게 건네는 따뜻한 악수, 지쳐 있는 친구의 어깨를 가볍게 토닥이는 손길, 사랑하는 사람을 다독이는 포옹. 이런 작은 행동 하나가 누군가에게는 삶을 지탱하는 힘이 될 수 있습니다.

우리는 살면서 때때로 기적을 기다리지만, 사실 기적은 우리의 작은 행동에서 시작됩니다. 한 사람의 작은 배려가 또 다른 사람에게 이어지고, 그것이 모이면 더 큰 변화를 만들어냅니다.

 **〈작은 손길〉로 기적 만들기**

1. 먼저 다가가고 주저하지 않는다.
2. 작은 도움이라도 진심으로 행동한다.
3. 조건 없이 배려하는 태도를 잊지 않는다.

4. 상대의 감정을 존중하며 필요한 순간을 기다린다.
5. 도움의 연속성이 관계를 더 깊게 만든다.

> 기적은 멀리 있는 것이 아닙니다. 우리가 서로에게 내미는 손길에서 시작됩니다. 작은 배려와 도움의 손길이 모여 큰 변화를 일으키고, 그 변화는 우리 주변에 기적처럼 나타날 수 있습니다. 서로를 돕고 이해하는 마음에서 진정한 기적이 시작된다는 것을 잊지 마세요.

## 11
## 나눔의 첫 걸음, 「하나로 시작하는 연대」

우리는 나눔을 거창한 것으로 생각합니다. 많은 돈을 기부하거나 대규모 봉사 활동을 해야만 의미가 있다고 여깁니다. 하지만 나눔의 시작은 그렇게 거대한 것이 아닙니다. 한 사람의 작은 행동, 따뜻한 마음 하나가 모여 더 큰 연대를 만들어냅니다.

1970년대 인도의 한 마을, 그곳에서 마더 테레사 수녀의 작은 행동은 커다란 변화를 이끌어냈습니다. 한 소녀가 굶주림으로 쓰러진 사건을 목격한 그녀는 단순히 동정하는 것이 아니라 직접 행동에 나섰습니다.

그녀는 자신이 가진 작은 음식 한 조각을 소녀에게 건네며 말했습니다. "나는 많은 것을 줄 수는 없지만, 내가 가진 것을 나눌 수는 있습니다." 이 작은 나눔이 다른 사람들에게도 용기와 영감을 주었고, 점점 더 많은 이들이 굶주린 사람들을 돕기 시작했습니다.

결국 그녀의 작은 실천이 세계적인 자선 운동으로 확산되었고, 나눔이란 특별한 사람이 하는 것이 아니라 누구나 할 수 있는 것임을 증명했습니다.

나눔의 시작은 작아도 그 영향력은 결코 작지 않습니다. 우리는 작은 행동으로도 누군가의 삶에 변화를 가져올 수 있습니다. 나눔은 돈이나 물질적인 도움에만 국한되지 않습니다. 따뜻한 말 한마디, 지친 누군가에게 내미는 손, 힘겨운 순간을 함께하는 공감만으로도 충분히 큰 나눔이 될 수 있습니다.

결국 한 사람이 시작한 작은 행동이 점점 더 많은 사람을 움직이고, 나아가 하나의 거대한 연대가 되어 세상을 변화시킬 수 있습니다.

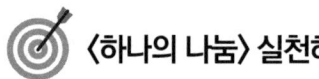 〈하나의 나눔〉 실천하기

1. 내가 할 수 있는 작은 나눔을 찾아본다.
2. 주변의 작은 변화에 관심을 기울인다.
3. 물질이 아닌 마음과 시간을 나누는 방법도 생각해 본다.
4. 나눔이 전염된다는 사실을 기억한다.
5. 나의 작은 나눔이 누군가에겐 큰 용기가 될 수 있음을 상기한다.

나눔의 시작은 어려운 것이 아닙니다. 우리가 가진 하나의 작은 마음이 쌓이면 그것이 더 큰 사랑과 연대를 만들어냅니다. 그리고 그 작은 나눔이 다른 사람에게 큰 희망을 주고, 그 희망은 다시 다른 이들을 도울 힘이 되며, 결국 세상을 따뜻하게 만드는 큰 힘이 되어 돌아옵니다.

## 작은 행동이 만드는 커다란 변화

우리는 살아가면서 수많은 관계 속에 놓인다. 가족, 친구, 연인, 동료, 그리고 때로는 스쳐 지나가는 낯선 사람까지 인간은 끊임없이 타인과 연결되며 살아간다. 하지만 우리는 때때로 관계의 중요성을 잊고 그것을 당연하게 여기거나 소홀히 대하기도 한다. 그러나 관계란 거창한 노력으로 유지되는 것이 아니라, 단 하나의 말, 단 한 번의 배려, 단 하나의 미소와 같은 작은 행동들에서 시작되고 지속된다.

관계에서 가장 중요한 것은 서로를 이해하려는 노력이다. 우리는 종종 상대방이 내 마음을 먼저 알아주기를 바라지만, 실상 관계를 깊어지게 만드는 것은 나 자신이 먼저 이해하려는 태도다. 심리학자 칼 로저스는 "진정한 소통은 상대를 온전히 있는 그대로 받아들이고 이해하려는 노력에서 시작된다."라고 말했다. 우리는 대화 속에서 상대의 말보다 자신의 입장을 설명하는 데 집중하는 경우가 많다. 그러나 진심 어린 경청은 관계를 변화시키는 가장 강력한 힘이 된다. 상대의 말을 끝까지 들어주는 것, 판단하지 않고 이해하려는 태도를 가지는 것, 상대의 감정에 공감하는 것이 모든 것들은 작은 행동이지만, 깊은 신뢰를 만들어 낸다.

말 한마디가 관계의 흐름을 바꾸기도 한다. 격려의 말은 누군가의 삶을 변화시킬 수 있으며 부정적인 말 한마디가 오래도록 상처로 남기도 한다. 우리는 무심코 던진 말이 상대에게 어떤 영향을 미칠지 깊이 고민하지 않는 경우가 많다. 하지만 "넌 할 수 있어"라는 말 한마디가 누군가의 용기가 될 수도 있고, "넌 안 될 거야"라는 말 한마디가 누군가의 꿈을 꺾을 수도 있다. 윈스턴 처칠이 제2차 세계대전 중 "우리는 결코 항복하지 않을 것이다"라고 말했을 때, 그것은 단순한 연설이 아니라 국민들에게 다시 일어설 힘을 주는 말이었다. 관계 속에서 우리의 말 한마디는 단순한 소리가 아니라, 상대의 마음을 움직이는 중요한 요소가 된다.

때로는 단 한 번의 사과가 관계를 살린다. 우리는 종종 실수하고 의도치 않게 상대에게 상처를 주기도 한다. 하지만 관계를 깨뜨리는 것은 실수가 아니라 그 실수를 인정하지 않는 태도다. 진심 어린 사과는 단순한 말이 아니라 깨진 관계를 다시 잇는 다리 역할을 한다. 인간관계에서 가장 중요한 것은 완벽함이 아니라 실수를 인정하고 그것을 바로잡으려는 노력이다. 사과는 용기의 표현이며, 신뢰를 다시 회복하는 첫걸음이 된다.

신뢰는 하루아침에 만들어지지 않는다. 그것은 작은 행동들이 쌓이며 형성된다. 그리고 신뢰를 쌓는 가장 간단한 방법 중 하나가 바로 '미소'다. 미소는 단순한 표정이 아니라, 상대에게 보내는 긍정적인 메시지다. 우리가 처음 만난 사람에게 미소를 짓는 순간, 상대는 경계를 풀고 마음을 연다. 우리가 누군가에게 따뜻한 미소를 보일 때 그것은 단순한 표정이 아니라 상대에게 신뢰와 안도감을 주는 행동이 된다.

우리는 관계에서 너무 많은 것을 기대하는 경우가 많다. 상대방이 먼저 다가와 주기를 바라거나 내가 원하는 방식으로 행동해 주기를 기대한다. 하지만 관계를 변화시키는 것은 상대의 태도가 아니라, 내가 먼저 바뀌려는 의지다. "상대가 변하면 나도 변하겠다"는 태도는 결국 변화를 만들어내지 못한다. 우리가 먼저 한 걸음 다가갈 때, 관계는 조금씩 달라지기 시작한다. 경청도, 배려도, 신뢰도 결국은 하나의 작은 행동에서 시작된다. 우리는 상대방의 말을 귀 기울여 듣는 것만으로도 관계를 개선할 수 있으며, 작은 친절과 따뜻한 말 한마디가 관계를 회복하는 출발점이 될 수 있다. 사람들은 거창한 화해를 원하지만, 실제로 관계를 회복하는 것은 "잘 지내?"라고 먼저 말을 건네는 작은 행동에서 시작된다.

오해는 관계를 멀어지게 만들지만, 대화는 다시 가까워지게 만든다. 우리는 때때로 상대의 의도를 오해하고, 그것을 풀지 않은 채 마음의 거리를 두기도 한다. 하지만 관계를 지속하는 사람들은 오해를 쌓아두지 않는다. 그들은 직접 묻고, 대화를 통해 서로를 이해하려 한다. 오해가 쌓이면 신뢰가 무너질 수 있지만, 단 하나의 대화가 그 오해를 풀어줄 수도 있다. 관계의 균열을 막기 위해서는 작은 오해라도 적극적으로 풀려는 노력이 필요하다. 상대에게 내미는 손길, 먼저 건네는 따뜻한 인사, 상대의 이야기를 끝까지 들어주는 것 이러한 작은 행동들이 쌓일 때 관계는 더욱 깊어지고 단단해진다. 관계는 저절로 유지되는 것이 아니다. 작은 행동 하나하나가 모여 관계를 형성하고 그 관계가 우리의 삶을 더욱 풍요롭게 만든다.

결국, 관계 속에서 가장 중요한 것은 '하나의 작은 행동'이다. 단 하나의 말이 사람을 변화시킬 수 있고, 단 하나의 사과가 관계를 살릴 수 있으며 단 하나의 배려가 신뢰를 만들 수 있다. 우리는 종종 관계를 개선하기 위해 커다란 노력이 필요하다고 생각하지만, 사실 그것은 단 하나의 작은 행동에서 시작된다.

> "하나의 행동, 그것이 우리가 맺고 있는 관계를
> 변화시키는 첫걸음이 될 것이다."

# Chapter 6

# 1의 법칙으로 완성하는 삶

멈추지만 않는다면
얼마나 천천히 가는지는
중요하지 않다.

- 공자 -

# 01
## 하나의 열정으로 목표를 이룬 사람들

성공한 사람들의 공통점은 무엇일까요? 뛰어난 재능일까요? 아니면 운이 좋았을까요? 물론 재능과 기회도 중요하지만, 그보다 더 강력한 원동력은 단 하나의 열정입니다. 어떤 목표를 이루기 위해 한결같이 몰두하고 포기하지 않는 태도가 결국 꿈을 현실로 만듭니다.

열정이 있는 사람은 실패를 두려워하지 않습니다. 수많은 난관 속에서도 다시 일어나 앞으로 나아갑니다. 그리고 그 과정에서 목표는 점점 현실이 됩니다. 오직 하나의 목표를 향한 열정이 불가능을 가능으로 바꾸는 힘이 됩니다.

세계적인 커피 브랜드 스타벅스의 CEO 하워드 슐츠는 커피 한 잔에 대한 열정으로 글로벌 기업을 탄생시킨 대표적인 인물입니다. 슐츠는 어린 시절 가난한 가정에서 자랐고, 스타벅스에 입사하기 전까지는 스포츠 용품 회사에서 영업사원으로 일했습니다.

그러던 어느 날, 이탈리아 출장 중에 그는 커피가 사람들을 연결하는 문화가 될 수 있다는 사실을 깨달았고, 스타벅스 경영진에게 이탈리아식 커피 문화를 도입하자고 제안했지만, 회사는 그의 아이디어를 거절했습니다.

하지만 그는 포기하지 않고 결국 자신의 회사를 창업해 커피를 통해 사람들에게 새로운 경험을 제공하겠다는 열정을 실현해 나갔습니다. 그는 노력 끝에 스타벅스를 사들였고, 스타벅스는 이제 단순한 커피 브랜드를 넘어 전 세계적으로 사랑받는 커피 문화의 상징이 되었습니다. 하워드 슐츠는 단순한 사업가가 아니라 커피를 향한 열정 하나로 전 세계의 문화를 바꾼 인물이 된 것입니다.

열정이 목표를 이루게 만드는 데는 세 가지 이유가 있습니다.

첫째, 열정은 끊임없는 동기를 제공합니다. 목표를 향한 과정이 쉽지 않더라도 진정한 열정을 가진 사람은 포기하지 않고 더 나은 방법을 찾아냅니다.

둘째, 열정은 실패를 두려워하지 않습니다. 열정적인 사람은 실패를 배움의 기회로 삼으며 수많은 거절과 난관에도 다시 도전합니다.

셋째, 열정은 사람들을 움직입니다. 열정적인 사람은 주변에 긍정적인 영향을 주며 협력과 성장을 이끌어냅니다.

이처럼 열정은 끊임없는 추진력과 함께 목표를 이루는 강력한 힘이 됩니다.

##  〈하나의 열정〉으로 목표를 현실화 하기

1. 진심으로 원하는 목표를 구체적으로 설정하고 열정을 집중한다.
2. 실패와 난관을 두려워하지 말고 새로운 방법을 끊임없이 시도한다.
3. 열정이 식지 않도록 작은 성취를 기록하며 스스로 동기를 부여한다.
4. 열정을 공유하며 주변 사람들과 협력해 시너지를 만든다.
5. 끝까지 포기하지 않고 열정을 지속하며 목표를 향해 꾸준히 나아간다.

> 열정은 불가능을 가능으로 바꾸는 원동력이며, 진심을 담아 끝까지 나아가면 꿈은 현실이 됩니다. 열정을 가지고 지속적으로 노력하면 어느 순간 그 모든 과정이 꿈을 현실로 만드는 열쇠가 될 것입니다.

## 02
## 단 하나의 비전이 만드는 성공의 공식

세상에는 수많은 성공 공식이 존재하지만, 진정한 성공을 이룬 사람들은 공통적으로 하나의 명확한 비전을 가지고 있었습니다. 단순한 목표가 아니라 자신이 가야 할 길을 확신하고, 끝까지 밀고 나가는 힘이 그들을 성공으로 이끄는 비결이었습니다.

비전이란 그저 꿈이 아닙니다. 뚜렷한 방향성과 그것을 이루겠다는 확고한 의지가 담긴 것입니다. 비전이 없는 사람은 쉽게 흔들리지만, 하나의 강력한 비전을 가진 사람은 어떤 어려움도 극복하고 목표를 향해 나아갑니다. 그러니까 비전은 단순한 아이디어가 아니라 성공을 만드는 가장 강력한 공식입니다.

"비전이 없다면, 사람들은 방향을 잃고 방황하게 된다."

1963년 미국 워싱턴 DC, 수십만 명이 모인 자리에서 마틴 루서 킹 주니어는 역사적인 연설을 남겼습니다. "I have a dream.(나에게는 꿈이 있습니다.)" 그는 단순히 흑인 인권을 주장한 것이 아니라, 모든 인종이 평등한 세상을 만들겠다는 비전을 가지고 있었습니다. 많은 사람들이 그를 반대하고, 위협을 가했지만, 그는 끝까지 흔들리지 않았습니다.

그의 비전은 단순한 슬로건이 아니라 행동을 이끄는 힘이었습니다. 그는 비전을 실현하기 위해 강연을 하고, 시위를 조직하며 직접 변화를 만들어 나갔습니다. 그리고 결국, 그의 노력은 미국 사회를 바꾸었고, 인종차별 철폐를 향한 거대한 물결을 만들었습니다. 그의 강력한 비전은 결국 역사를 바꿨고, 지금까지도 많은 사람들에게 영향을 주고 있습니다.

비전은 방향성을 제공합니다. 비전이 있으면 어떤 상황에서도 어디로 가야 할지 명확해지고, 어려움이 있어도 길을 잃지 않고 끝까지 나아갈 수 있습니다. 순간적인 열정보다, 장기적인 목표와 의미 있는 이유가 있으면 포기하지 않습니다. 그러므로 비전이 있는 사람은 힘든 상황에서도 계속 도전합니다.

마틴 루서 킹처럼, 강한 비전은 주변 사람들에게도 영향을 미쳐 더 큰 변화를 만들어냅니다. 진정한 비전은 혼자가 아니라 함께 이루는 성공을 만들어냅니다.

##  〈단 하나의 비전〉으로 성공하기

1. 자신이 진정으로 원하는 명확한 비전을 구체적으로 정의한다.
2. 비전을 항상 마음속에 새기고 일상에서 실천한다.
3. 단기적인 성과에 흔들리지 말고 장기적인 방향을 유지한다.
4. 비전을 주변에 공유하며 협력과 공감을 이끌어낸다.
5. 도전과 어려움 속에서도 비전을 지키며 끝까지 나아간다.

> 비전은 성공을 이끄는 나침반입니다. 비전이 있으면 우리는 그 목표를 향해 한 걸음씩 나아갈 수 있고, 그 과정에서 맞닥뜨리는 장애물들도 더 이상 두려운 것이 아니라 성장의 기회로 보게 됩니다. 명확한 비전은 우리가 혼란 속에서도 길을 잃지 않게 도와줍니다.

## 03
## 1에서 100으로, 「성장의 비밀」

모든 위대한 성취는 1에서 시작됩니다. 어떤 거대한 성공도 처음부터 100의 모습으로 존재하지 않았습니다. 1이라는 작은 시작이 쌓여 10이 되고, 꾸준함이 더해져 50이 되며, 결국 100이라는 목표에 도달하는 것입니다.

하지만 많은 사람들은 처음부터 완벽해지기를 바라며 첫걸음을 내딛기를 두려워합니다. 성장이란 한순간에 이루어지는 것이 아니라 단계적으로 쌓아 올리는 과정입니다. 지금의 1이 아무리 작고 보잘것없어 보여도, 그것이 지속되면 어느 순간 100에 도달해 있을 것입니다. 성공의 비밀은 단순합니다. 오늘의 1을 쌓아 가는 것입니다.

"지금 작게 보이는 것이 미래에는 거대한 변화가 된다.
지속적인 작은 성장이 결국 혁신을 만든다."

1994년, 제프 베이조스는 단 하나의 아이디어로 회사를 시작했습니다. 그가 처음 아마존을 창업했을 때, 그것은 단순한 온라인 서점에 불과했지만, 그는 이 작은 시작이 언젠가 세계를 바꿀 것이라는 확신을 가지고 있었습니다.

초기에는 적자 운영이 계속되었고, 주변에서는 회의적인 반응을 보였습니다. 그러나 그는 꾸준히 1을 2로 2를 10으로 늘려가며 성장해 나갔습니다. 도서를 넘어 전자제품, 의류, 식품 등으로 확장하며 점차 세계적인 전자상거래 기업으로 발전해 나갔고, 결국 아마존은 세계 최대 기업 중 하나로 자리 잡았습니다.

그는 단숨에 100을 만들려 하지 않았습니다. 대신 오늘의 1을 쌓고, 그것을 내일의 2로 만들며, 포기하지 않고 나아갔습니다. 그 과정에서 아마존은 단순한 온라인 서점에서 글로벌 기업으로 성장할 수 있었습니다.

작은 시작을 두려워하지 말고 꾸준히 나아가며 완벽보다 지속을 선택하는 것이 성장의 핵심입니다. 아무리 작은 시작이라도 멈추지 않고 지속하면 결국 큰 성과로 이어집니다. 반면 이 정도로는 부족하다는 생각에 시작조차 하지 않는다면, 100에 도달할 기회조차 얻지 못합니다. 중요한 것은 매일 1을 더하는 꾸준한 노력입니다. 하루 1%씩 성장하면 1년 후에는 37배의 성장을 이루게 됩니다.

많은 사람들이 완벽하게 준비된 상태에서 시작하려 하지만, 완벽함을 기다리다 보면 기회를 놓치게 됩니다. 부족하더라도 지금 할 수 있는 작은 행동부터 시작하는 것이 결국 목표에 도달하는 가장 확실한 방법입니다.

##  〈1에서 100으로 성장〉하는 비밀

1. 지금 할 수 있는 1부터 시작해 100까지 꿈을 이어간다.
2. 현재의 1을 꾸준히 쌓아 나간다.
3. 하루 1%의 성장을 목표로 지속적인 노력을 실천한다.
4. 실패하더라도 멈추지 않고 다음 단계로 나아가는 습관을 만든다.
5. 현재의 작은 성취가 미래의 거대한 변화를 만든다는 믿음을 갖는다.

> 성장은 꾸준한 1의 반복입니다. 오늘의 작은 걸음이 내일의 큰 변화를 만듭니다. 결국 성장이란 특별한 재능이 아닌 꾸준한 작은 노력에서 비롯된다는 말입니다. 매일 조금씩 나아가다 보면 그 노력이 누적되어 큰 성과를 이뤄냅니다.

## 04
## 하나씩 쌓이는
## 작은 성공의 축적

　성공은 단번에 이루어지는 것이 아닙니다. 눈부신 성과를 낸 사람들을 보면, 어느 한순간 정상에 오른 것처럼 보이지만, 그 뒤에는 하나씩 쌓아 올린 작은 성공들이 존재합니다. 우리가 매일 해내는 작은 성취들이 모여 결국 큰 목표를 이루는 밑거름이 됩니다.

　세계적인 가전 브랜드 다이슨의 창립자 제임스 다이슨은 완벽한 무선 청소기를 만들겠다는 목표를 가지고 있었습니다. 하지만 그것을 실현하기까지 그는 무려 5,127번의 실험과 실패를 겪었습니다.
　그는 한 번의 대성공을 기대한 것이 아니라, 매일 조금씩 개선해 나가는 작은 성공을 중요하게 여겼습니다. 오늘보다 더 나은 결과를 얻기 위해 계속해서 실험을 반복했고 그 과정 속에서 기술을 발전시키며 제품을 완성해 나갔습니다.
　그가 만약 "한 번에 완벽한 청소기를 만들어야 해."라고 생각하며 중간의 작은 성공을 무시했다면 아마도 다이슨 청소기는 탄생하지 못했을 것입니다. 하지만 그는 매일 쌓아 올린 작은 개선과 성공을 바탕으로, 혁신적인 제품을 만들어 냈고 세계적인 기업을 성장시켰습니다.

작은 성공은 자신감을 키우고 꾸준한 성장을 이끌며 결국 큰 결과를 만들어냅니다. 처음부터 큰 성공을 기대하면 쉽게 좌절할 수 있지만, 작은 목표를 하나씩 달성할 때마다 성취감이 쌓이며, 더 큰 도전을 할 용기가 생깁니다. 또한, 한 번에 100을 이루려 하기보다 1을 지속적으로 쌓아가는 것이 더 현실적이고 지속 가능하며 이 과정 속에서 꾸준한 성장이 이루어집니다.

작은 성공이 반복되면 점차 습관이 되고 그것이 모이면 결국 예상하지 못한 큰 변화를 만들어냅니다. 눈에 띄지 않는 작은 성취들이 모일 때, 우리는 비로소 목표했던 지점에 도달할 수 있습니다.

 **〈작은 성공〉을 축적해 큰 목표 이루기**

1. 작은 성공에 실망하지 말고 더 큰 목표를 세워 도약한다.
2. 작은 성취도 소중히 여기며 자신감을 키워 나간다.
3. 실패 속에서도 작은 개선을 반복하며 오늘보다 더 나은 내일의 결과를 만들어간다.
4. 큰 목표를 작은 단계로 나누어 하나씩 완성해 나가며 인생의 빈칸을 채워간다.

5. 반복된 작은 성공이 습관이 되어 큰 변화를 만든다는 사실을 기억한다.

> 성공은 거창한 한 걸음이 아니라 하나씩 쌓아 올린 작은 발걸음에서 시작되고, 그것이 쌓이면 결국 원하는 미래가 눈앞에 펼쳐질 것입니다. 큰 목표는 작은 실천들의 연속으로 이루어지며, 꾸준히 나아가는 그 과정 속에서 비로소 진정한 성공을 경험하게 됩니다.

## 05
## 단 하나의 신념으로 극복한 역경

 삶은 때때로 거대한 벽처럼 우리 앞을 가로막습니다. 실패와 좌절, 불확실함 속에서 많은 사람들이 포기하고 싶어질 때가 있습니다. 하지만 단 하나의 강한 신념이 있다면, 그 벽을 넘을 힘이 됩니다.
 신념은 단순한 믿음이 아니라 어떤 상황에서도 흔들리지 않는 내면의 원칙입니다. 그리고 그 신념을 끝까지 지킨 사람들은 결국 역경을 극복하고 자신만의 길을 만들어냅니다.

 어린 시절 고열로 인해 시각과 청각을 모두 잃었던 헬렌 켈러는 평범한 삶을 살 수 없을 것이라는 주변의 예상을 깨고, 역경을 극복한 대표적인 인물입니다.
 그녀는 빛도 ,보이지 않고, 소리도 들리지 않는 어둠과 침묵 속에서 살아가야 했지만, "나는 배울 수 있다. 나는 세상과 소통할 수 있다."라는 단 하나의 신념을 놓지 않았습니다. 그녀의 삶을 변화시킨 것은 앤 설리번 선생님과의 만남이었습니다.
 설리번은 헬렌이 세상과 연결될 수 있도록 끝없는 노력을 기울였고, 헬렌은 "나는 포기하지 않는다."라는 신념을 바탕으로 글을 배우고 말을 익히며 결국 대학에 진학했습니다.

당시 장애인이 대학을 다니는 것은 상상조차 할 수 없는 일이었지만, 그녀는 끝까지 자신의 신념을 지켰습니다. 그녀는 이후 작가, 강연가로 활동하며 전 세계를 다니며 장애인을 위한 교육과 인권운동을 펼쳤습니다. 만약 그녀가 자신의 한계를 받아들이고 신념을 포기했다면, 그녀의 삶뿐만 아니라 많은 사람들에게 희망을 주는 변화도 없었을 것입니다.

신념은 흔들리지 않는 원동력이 되어 어려운 상황에서도 끝까지 버틸 수 있는 힘을 줍니다. 자신이 가야 할 방향에 대한 확신이 있는 사람은 쉽게 흔들리지 않고 어떤 역경 속에서도 중심을 지킬 수 있습니다.

또한 신념은 포기를 막고 끝까지 나아가게 만듭니다. 누구나 힘든 순간을 겪지만. 자신만의 신념이 있는 사람만이 끝까지 버티며 결국 목표에 도달할 수 있습니다. 실패가 진짜 패배가 아니라 신념을 잃는 것이 진짜 패배입니다.

마지막으로, 신념은 주변을 변화시키는 힘을 가집니다. 한 사람의 확고한 신념이 주변 사람들에게도 영향을 미쳐 더 큰 변화를 만들어냅니다. 헬렌 켈러처럼, 자신의 신념을 지킨 사람들은 결국 다른 사람들에게 희망과 용기를 전해주며 세상을 바꾸는 원동력이 됩니다.

**〈단 하나의 신념〉으로 역경을 극복하기**

1. 자신이 믿는 확고한 신념을 명확히 정의한다.
2. 어려운 상황에서도 신념을 중심으로 흔들리지 않는다.
3. 실패를 받아들이되, 신념을 바탕으로 다시 도전한다.
4. 신념을 지지해 줄 긍정적인 관계와 환경을 형성한다.
5. 자신의 신념이 다른 사람들에게도 긍정적인 영향을 미칠 수 있음을 기억한다.

> 강한 신념을 가진 사람은 끝까지 포기하지 않는다는 것을 아시나요? 신념은 역경을 이겨내는 가장 강력한 힘입니다. 흔들리지 않는 믿음이 당신을 성공으로 이끌 것입니다.

## 06
## 하나를 포기하지 않는 집념

어떤 목표를 이루기 위해서는 재능이나 운보다 더 중요한 것이 있습니다. 그것은 바로 포기하지 않는 집념입니다. 성공한 사람들의 삶을 들여다보면 공통점이 있습니다. 누구나 어려움을 겪고 실패를 경험하지만, 끝까지 놓지 않는 단 하나의 신념이 그들을 위대한 결과로 이끌었습니다.

집념이란 단순히 끈질김이 아닙니다. 불가능해 보이는 상황에서도 다시 시도하는 용기이며, 한계를 넘어설 때까지 버티는 힘입니다.

세계적인 패션 디자이너 코코 샤넬의 삶은 집념이 만들어 낸 성공의 대표적인 예입니다. 1883년. 프랑스 소뮈르에서 태어난 그녀는 가난한 어린 시절을 보냈고 부모를 일찍 여의면서 수도원에서 자랐지만, 그녀에게는 "나는 반드시 내 이름을 건 브랜드를 만들겠다."라는 꿈이 있었습니다.

당시 여성들은 사회적으로 한정된 역할을 강요받았고, 특히 패션 업계에서 여성 디자이너가 성공하는 것은 거의 불가능에 가까운 일이었습니다. 하지만 그녀는 어려운 환경 속에서도 바느질을 배우며 패션에 대한 감각을 키웠고, 기성 여성복의 틀을 깨는 디자인을 시도했습니다.

초반에는 그녀의 스타일이 대중에게 외면받았지만, 자신의 신념을 굽히지 않았습니다. 시대가 원하는 옷이 아닌 시대를 앞서가는 옷을 만들겠다는 집념으로 새로운 스타일을 창조했고, 결국 '샤넬'이라는 브랜드를 세계적인 패션 아이콘으로 자리 잡게 만들었습니다. 만약 그녀가 중간에 포기했다면 오늘날 우리가 알고 있는 샤넬 브랜드는 존재하지 않았을 것입니다.

집념은 단순한 끈기가 아닙니다. 반복된 실패에도 다시 시작할 수 있는 용기이며, 끝까지 밀고 나가겠다는 확신이죠. 어떤 목표를 향해 가다 보면 수없이 주저앉고 싶어지는 순간이 찾아옵니다. 주변에서는 불가능하다고 말할 수도 있고 현실적인 한계를 실감하며 스스로 포기하고 싶을 때도 있습니다. 하지만 포기하지 않고 끝까지 해내겠다는 의지가 있는 사람만이 결국 목표에 도달하게 됩니다.

지금 당장 성과가 보이지 않는다고 낙담할 필요는 없습니다. 오늘 해낸 작은 노력들이 쌓이면 결국 놀라운 결과로 돌아오게 됩니다. 혹시 지금 포기하고 싶은 순간이 온다면 스스로에게 질문해 보는 건 어떤가요? "이대로 포기해도 괜찮을까?", "한 번 더 시도해 보면 어떨까?" 아주 작은 한 걸음이라도 더 나아가 보면 그 끝에서 예상치 못한 기회가 찾아올지도 모릅니다.

##  〈끝까지 포기하지 않는 집념〉으로 성공하기

1. 명확한 목표를 설정하고 어떤 어려움 속에서도 목표를 놓지 않는 집념을 보인다.
2. 실패를 두려워하지 말고 다시 시도할 용기를 키운다.
3. 중간 과정에서 주저앉고 싶을 때마다 "한 번 더" 시도한다,
4. 당장의 성과보다 꾸준히 쌓이는 작은 노력을 소중히 여긴다.
5. 주변의 회의적인 시선에도 흔들리지 않고 자신의 길을 걸어간다.

> 집념은 모든 한계를 뛰어넘는 힘입니다. 끝까지 버티고 나아가면 불가능해 보이던 목표도 현실이 됩니다. 어려움에 직면할 때, 포기하지 않고 꾸준히 나아가는 집념이 결국 그 목표를 이루는 열쇠가 됩니다. 그 집념이 삶을 변화시키고 불가능을 가능으로 만드는 원동력이 됩니다.

## 07
## 하나의 작은 변화가 만든 지속 가능한 발전

세상을 바꾸는 변화는 언제나 거대한 혁신에서 시작되지 않습니다. 진정한 발전은 작은 변화가 점차 쌓이며 만들어지는 것입니다. 우리가 사소하게 여기는 변화 하나가 나비효과처럼 퍼져나가 결국 더 나은 미래를 만들어냅니다. 이는 개인의 삶에서도 사회 전체에서도 마찬가지입니다. 작은 변화가 지속될 때, 그것은 더 크고 의미 있는 발전을 이끌어냅니다.

케냐 출신의 환경운동가 왕가리 마타이는 1977년, '그린벨트 운동'을 시작하며 지속 가능한 발전의 중요성을 알렸습니다. 당시 케냐는 무분별한 벌목으로 인해 토양 침식이 심각해졌고, 마을 사람들은 물과 식량 부족에 시달렸습니다.

왕가리 마타이는 이런 상황을 더는 두고 볼 수 없었습니다. 그녀는 마을 여성들과 함께 작은 나무 한 그루를 심는 것부터 시작했습니다. 처음엔 그저 미약한 시도처럼 보였지만, 그 작은 변화는 점차 큰 반향을 일으켰습니다. 그녀의 활동은 케냐 전역으로 확산되었고, 결국 5천만 그루 이상의 나무가 심어지며 사막화 방지와 생태계 회복에 크게 기여했습니다.

왕가리 마타이는 이 공로로 2004년 노벨 평화상을 수상하며 지속 가능한 발전이 작은 행동에서 출발할 수 있다는 것을 전 세계에 알렸습니다.

아무리 사소하고 작은 변화라도 계속해서 이어진다면 결국 큰 발전을 하게 될 것입니다. 우리가 하는 작은 행동도 큰 의미가 될 수 있고, 그것으로 우리의 삶은 다양하고 많은 변화가 생길 수 있습니다. 결국 큰 기적을 불러오는 작은 행동은 그렇게 대단한 것에서 시작되는 것이 아닙니다.

 **〈작은 변화가 지속 가능한 발전으로〉 이어지는 이유**

1. 하루에 작은 변화를 하나씩 실천하면 결국 커다란 결과를 얻게 된다.
2. 한 사람의 변화가 주변 사람들에게도 긍정적인 영향을 준다.
3. 왕가리 마타이처럼 나무 한 그루 심기, 재활용 실천 등 누구나 쉽게 할 수 있는 변화가 지속성을 높인다.
4. 환경 개선뿐만 아니라 사람들의 의식과 태도 변화로 연결된다.
5. 왕가리 마타이의 나무 심기 운동처럼 작은 시도가 사회 전체의 움

직임으로 발전할 수 있다.

> 우리는 종종 "이 작은 행동이 무슨 의미가 있을까?"라고 생각하지만, 자신의 작은 변화 하나가 더 나은 미래를 만들 수 있습니다. 그리고 그것이 미래의 커다란 기적이 될지도 모릅니다.

## 08
# 단 하나의 실패를
# 대하는 태도

 삶에서 실패는 피할 수 없는 과정입니다. 누구나 크고 작은 실패를 경험하며 그 순간 우리는 좌절하거나 포기하고 싶어질 때가 있습니다. 하지만 실패를 어떻게 받아들이느냐에 따라 우리의 미래는 완전히 달라질 수 있습니다. 단 하나의 실패를 성장의 기회로 삼는 사람과 실패를 패배로 받아들이고 멈추는 사람의 차이가 결국 성공을 결정합니다.

 세계적인 영화감독 스티븐 스필버그 역시 처음부터 인정받은 것은 아니었습니다. 그는 어린 시절부터 영화를 만드는 꿈을 가졌지만, 대학 입학 지원 과정에서 남캘리포니아 대학교 영화과에 세 번이나 불합격하는 좌절을 겪었습니다. 꿈을 이루기 위해 필요한 배움을 얻을 기회조차 얻지 못한 것이었습니다.
 하지만 그는 실패를 끝이 아닌 과정으로 받아들였습니다. 다른 대학에서 영화를 공부하며 직접 작품을 제작했고 결국 유니버설 스튜디오에서 인턴십 기회를 얻게 되었습니다. 그는 그 기회를 발판

삼아 실력을 쌓아 올렸고 결국 〈죠스〉, 〈E.T.〉, 〈쥬라기 공원〉과 같은 역사적인 작품들을 탄생시키며 전 세계에서 가장 영향력 있는 감독이 되었습니다. 만약 그가 대학 입시에서의 실패를 운명처럼 받아들이고 꿈을 포기했다면 영화계는 한 명의 거장을 잃었을 것입니다.

실패는 끝이 아니라 과정입니다. 스티븐 스필버그가 대학 입시에서 거듭 불합격했지만 꿈을 포기하지 않았듯이, 실패를 어떻게 받아들이느냐에 따라 인생의 방향은 달라집니다.

중요한 것은 실패를 피하는 것이 아니라 그것을 배움의 기회로 삼아 다시 도전하는 태도입니다. 좌절을 딛고 앞으로 나아가는 선택이 결국 더 큰 성취로 이어집니다. 실패를 성장의 발판으로 삼는 것이야말로 가장 강력한 선택입니다.

 **〈단 하나의 실패〉를 긍정으로 대하기**

1. 실패를 받아들이고 감정을 정리한 후 객관적으로 원인을 분석한다.
2. 실패를 배움의 기회로 인식하고 개선할 수 있는 구체적인 방법을 찾는다.
3. 과거의 실패에 얽매이지 말고 앞으로의 기회를 바라보며 새로운 계획을 세운다.
4. 작은 성취를 통해 자신감을 회복하며 다시 도전한다.

5. 실패 속에서도 자신을 믿고 꾸준히 목표를 향해 나아간다.

> 실패는 결코 끝이 아닙니다. 실패는 배움의 기회이며 더 나아질 수 있는 과정입니다. 하나의 실패로 멈추는 것이 아니라, 그 실패를 기회로 만들 때 우리는 진정한 성장을 이룰 수 있습니다.

## 09

# 결국 남는 것은
# 하나의 성취

삶의 끝자락에서 우리가 돌아보는 것은 수많은 시도와 실패, 그리고 그 속에서 이뤄낸 하나의 성취입니다. 삶의 과정에서 좌절하고 흔들리기도 하지만, 결국 우리를 기억하게 하는 것은 끝까지 포기하지 않고 이뤄낸 단 하나의 결과입니다. 성취는 단순한 성공이 아니라 인내와 노력, 그리고 끊임없는 도전의 결실입니다.

> "나의 삶이 끝나도, 건축은 계속될 것이다.
> 중요한 것은 내가 남긴 하나의 성취가
> 후대에 영감을 줄 것이라는 점이다."

스페인 출신 세계적인 건축가 안토니 가우디는 자신의 생애 대부분을 사그라다 파밀리아 성당 건축에 바쳤습니다. 그는 1883년부터 이 성당을 설계하고 건축하기 시작했으며, 모든 열정을 쏟아부었습니다. 하지만 그의 생애 동안 성당은 완공되지 않았고, 그는 1926년 교통사고로 세상을 떠나며 자신의 작업이 끝나는 모습을 보지 못했습니다.

많은 사람들은 "끝까지 완성하지 못한 건축이 무슨 의미가 있겠는가?"라고 했지만, 가우디는 이렇게 말했습니다. "나의 삶이 끝나도 건축은 계속될 것이다. 중요한 것은 내가 남긴 하나의 성취가 후대에 영감을 줄 것이라는 점이다."

그의 신념과 성취는 결국 100년이 넘도록 이어졌고, 지금도 사그라다 파밀리아 성당은 건축이 진행되고 있습니다. 그는 직접 완성하지 못했지만, 남겨진 성취가 사람들에게 감동을 주고, 예술적 유산이 되었습니다.

진정한 성취는 완성의 여부가 아니라 그 과정에서 쌓인 노력과 의미에 있습니다. 안토니 가우디가 사그라다 파밀리아 성당을 완성하지 못했음에도 그의 신념과 업적이 후대에 영감을 주었듯이 우리가 남기는 흔적은 시간이 지나도 가치를 가질 수 있습니다.

성취는 단순한 결과가 아니라 포기하지 않는 태도와 지속적인 노력에서 비롯됩니다. 끝까지 도전하는 선택이 결국 더 큰 의미를 남깁니다. 시간이 흘러도 남을 성취를 쌓아가는 것이야말로 가장 강력한 선택입니다.

##  〈끝까지 남는 하나의 성취〉를 이루기

1. 한 번 설정한 목표는 포기하지 않고 끝까지 이루기 위해 노력한다.
2. 좌절을 실패로 받아들이지 않고 결국에는 나를 위한 과정이라고 생각한다.
3. 당장 눈앞의 것을 보지 말고 멀리있는 것을 바라보아 목표를 이루어간다.
4. 아무리 사소한 성취라 할지라도 자랑스럽게 생각하며 앞으로 더 나아간다.
5. 마지막까지 최선을 다하며 성취의 의미를 스스로 정의한다.

삶은 끊임없는 도전의 연속입니다. 때로는 과정 속에서 실패하고 예상보다 오랜 시간이 걸릴 수도 있습니다. 하지만 결국 중요한 것은 그 모든 것을 이겨내고 끝까지 이루어낸 하나의 성취입니다.

## 10
## 하나로부터 시작된
## 혁명 이야기

역사의 흐름을 바꾼 혁명은 거대한 움직임에서 시작되지 않았습니다. 모든 변화는 단 하나의 믿음, 하나의 외침, 하나의 작은 움직임에서 시작되었습니다. 그것이 점차 퍼져나가며 사람들의 마음을 움직이고, 결국 세상을 바꾸는 거대한 혁명이 됩니다. 혁명의 시작은 언제나 한 사람의 용기와 신념에서 비롯됩니다.

1989년, 체코슬로바키아는 공산주의 정권의 억압 속에서 많은 국민이 자유를 갈망하고 있었습니다. 하지만 정부의 철저한 검열과 강압적인 통제로 인해 사람들은 쉽게 목소리를 낼 수 없었습니다.

이때 한 극작가이자 인권운동가인 바츨라프 하벨이 용기를 냈습니다. 그는 자신의 연극 작품과 글을 통해 체제의 부조리를 폭로하고 시민들에게 변화를 촉구했습니다. 그의 메시지는 수많은 체코인들에게 희망을 주었고, 결국 1989년 11월, 시민들이 거리로 나와 평화적인 시위를 시작했습니다. 처음엔 소수의 움직임이었지만, 점점 더 많은 사람들이 참여했고, 이는 벨벳 혁명으로 이어졌습니다.

단 몇 주 만에 체코슬로바키아의 공산 정권은 무너졌고, 바츨라프 하벨은 민주적인 방식으로 체코의 대통령이 되었습니다. 단 하나의 글과 메시지에서 시작된 변화가 결국 체코 국민 전체를 움직였고, 그 작은 외침은 평화적인 혁명의 상징으로 남았습니다.

거대한 변화는 언제나 작은 움직임에서 시작됩니다. 바츨라프 하벨이 글과 연극을 통해 부조리를 고발하며 시민들에게 희망을 전했던 것처럼 한 사람의 신념과 용기가 세상을 바꾸는 불씨가 될 수 있습니다. 처음에는 미미해 보이지만, 그것이 점차 퍼져나가면 결국 역사의 흐름을 바꾸는 힘이 됩니다.

중요한 것은 변화의 가능성을 믿고 행동하는 것입니다. 작은 용기의 선택이야말로 가장 강력한 혁명의 시작입니다.

 **〈하나의 혁명〉이 불러오는 것**

1. 처음에는 소수의 용기 있는 외침이 점차 공감을 얻으며 확산된다.
2. 단발적인 움직임이 아닌 끊임없는 행동이 혁명을 가능하게 한다.
3. 바츨라프 하벨의 글처럼 강력한 메시지는 사람들의 마음을 움직이는 원동력이 된다.
4. 소수의 외침이 다수의 연대로 이어질 때 비로소 혁명은 힘을 얻게

된다.
5. 벨벳 혁명처럼 평화적인 움직임은 지속 가능하고 더 깊은 변화를 만든다.

> 우리는 종종 "작은 행동 하나가 무슨 변화를 만들 수 있을까?"라고 생각하지만, 우리의 작은 행동이 언젠가 더 큰 변화를 이끌어낼 혁명의 시작점이 될 수 있습니다.

## 11
## 1의 법칙, 당신의 삶에 적용하기

　우리는 종종 삶을 변화시키기 위해 거대한 결심을 합니다. 새로운 목표를 세우고, 완벽한 계획을 세우며 단번에 달라지기를 기대합니다. 하지만 현실은 그렇게 움직이지 않습니다. 진정한 변화는 갑작스럽게 일어나지 않으며 작은 것이 지속적으로 쌓일 때 비로소 이루어집니다. 이것이 바로 1의 법칙입니다.

　1%의 개선, 하루 1개의 습관, 단 1초의 선택이 쌓이면 결국 삶의 방향이 달라집니다. 오늘 1% 더 노력하면 내일은 오늘보다 나아집니다. 매일 1페이지의 책을 읽으면, 1년 후에는 365페이지의 지식이 쌓입니다. 단 1분이라도 명상을 하면 점점 더 평온한 마음을 가질 수 있습니다. 사소해 보이는 변화도 꾸준히 지속되면 엄청난 성장으로 이어집니다.

> "작은 습관 하나가 우리의 정체성을 바꾸고,
> 궁극적으로 더 나은 미래를 만들어 준다."

세계적인 투자자이자 습관 연구가인 제임스 클리어는 《아주 작은 습관의 힘》에서 "매일 1%씩 성장하면 1년 후에는 37배 더 나은 사람이 된다."라고 말했습니다.

1%의 변화는 당장 눈에 보이지 않을 수도 있습니다. 하지만 매일 조금씩 더 나아지는 것을 반복하면 결국 엄청난 결과를 만들어 냅니다.

제임스 클리어는 과거 큰 사고를 당해 몸을 제대로 움직일 수 없는 상태가 되었습니다. 하지만 그는 "하루에 1%씩 몸을 회복하겠다"라는 작은 목표를 세웠고, 아주 작은 움직임부터 시작했습니다. 처음에는 힘든 과정이었지만, 하루하루 꾸준히 1의 변화를 만들어 나가자 결국 그는 사고 이전보다 더 건강한 몸을 되찾았고 나아가 수많은 사람들에게 영감을 주는 성공한 작가가 되었습니다.

제임스 클리어의 이야기에서 우리가 알 수 있는 점은 변화는 단번에 이루어지는 것이 아니라 작은 것이 쌓여 큰 변화를 만든다는 원칙을 받아들일 때 지속 가능해진다는 것입니다.

1의 법칙을 실천하는 것은 어렵지 않습니다. 중요한 것은 한 번에 너무 많은 것을 바꾸려고 하지 않는 것입니다. 하루에 단 하나의 목표를 정하고 그것을 실천해 보세요. 완벽하지 않아도 괜찮습니다. 중요한 것은 시작하는 것, 그리고 지속하는 것입니다.

우리는 종종 "이 작은 변화가 무슨 의미가 있을까?"라고 생각하지만, 가장 위대한 성취도 처음에는 사소한 변화에서 시작되었습니다. 변화의 시작이 작을수록 꾸준히 지속할 가능성이 높아지고 그것이 결국 우리의 인생을 완전히 바꾸게 됩니다.

##  〈1의 법칙〉으로 삶을 변화시키기

1. 이 책의 모든 법칙을 잘 기억해서 실천해 본다.
2. 1%의 개선을 목표로 꾸준히 발전할 수 있는 삶을 만든다.
3. 일상의 사소한 진리를 찾아 하나씩 실천해 간다.
4. 다시 1에서부터 시작해야 한다 해도 좌절하지 않고 끝까지 해본다.
5. 모든 1의 법칙은 작은 것에서부터 시작된다는 것을 명심한다.

> 1의 법칙은 작은 변화가 큰 성취로 이어지는 강력한 원칙입니다. 지금 이 순간, 당신은 어떤 '1'을 쌓아가겠습니까? 그 작은 1이 모여 결국 당신을 원하는 목표와 꿈으로 이끌어갑니다. 중요한 것은 그 작은 시작을 어떻게 실천하느냐에 달려 있습니다.

## 1의 법칙으로 완성하는 삶

삶은 마치 거대한 퍼즐과 같다. 우리는 각자의 목표와 꿈을 향해 나아가며 조각들을 하나씩 맞춰 나간다. 하지만 많은 사람들은 이 퍼즐이 단번에 완성되기를 기대한다. 빠르게 성취하고 단숨에 원하는 모습에 도달하기를 바라지만, 삶의 완성은 그렇게 한순간에 이루어지지 않는다. 오히려 작은 행동이 지속될 때 비로소 우리가 원하는 삶에 가까워진다. 1의 법칙이 의미하는 바는 바로 이것이다. 하루하루 쌓이는 작은 변화들이 결국에는 거대한 성취를 만들어내고 우리의 인생을 완성해 간다.

완벽한 타이밍이란 존재하지 않는다. 오히려 지금 당장 할 수 있는 작은 행동을 실행하는 것이 가장 중요한 출발점이다. 심리학에서도 행동을 지속하는 힘은 강한 의지가 아니라 '시작의 용이함'에서 비롯된다고 말한다. 거창한 목표보다, 지금 당장 실행할 수 있는 작은 목표가 변화를 만들어내는 힘이 된다. 작은 행동이 지속될 때, 그것은 더 이상 사소한 것이 아니다. 반복되는 행동은 습관이 되고 습관은 삶의 방향을 결정짓는다. 실제로 연구에 따르면, 인간의 행동 중 40% 이상이 무의식적인 습관에 의해 이루어진다고 한다. 즉, 우리는 하루의 거의 절반을 의식적으로 결정하는 것이 아니라, 이미 형성된 습관을 반복하며 살아간다. 따라서 삶을 완성하는 가장 효과적인 방법은 '좋은 습관'을 쌓아가는 것이다. 작은 습관들이 쌓일 때 우리는 점점 더 원하는 모습에 가까워진다.

반면, 많은 사람들이 한순간의 '큰 결심'에 의존하려 한다. 새해가 되면 거창한 목표를 세우고, 변화의 의지를 다지지만, 시간이 지나면 대부분 흐지부지된다. 이는 의지가 부족해서가 아니라 지속 가능성이 낮은 방식으로 접근했기 때문이다. 의지는 지속적으로 유지하기 어렵기 때문에 단번에 큰 변화를 시도하면 결국 `지쳐서 포기하게 된다. 하지만 작은 변화는 다르다. 아주 사소한 행동이라도 반복하면 그것이 점점 습관이 되고, 더 큰 변화를 받아들일 준비가 갖춰진다.

또한, 1의 법칙은 작은 성취를 지속적으로 쌓아가는 과정에서 자기 신뢰를 형성하는 데 도움을 준다. 우리는 종종 자신을 믿으라는 말을 듣지만, 자기 신뢰는 단순히 믿으려 해서 생기는 것이 아니다. 매일 작은 목표를 달성하며 스스로에게 신뢰를 쌓아가는 과정에서 만들어진다. 예를 들어, 매일 아침 침대를 정리하는 작은 행동조차도 '나는 목표한 것을 실행할 수 있는 사람이다'라는 신념을 형성하는 데 기여할 수 있다. 작은 성공 경험이 반복될 때, 우리는 더 큰 도전에 나설 용기를 얻게 된다.

성공한 사람들의 삶을 보면 그들이 어느 한순간, 정상에 오른 것이 아니라는 사실을 알 수 있다. 오랜 시간 동안 꾸준히 쌓아온 작은 행동들이 결국 그들을 현재의 위치로 이끌었다. 그리고 그 과정에서 중요한 것은 단순한 노력만이 아니라 지속성과 꾸준함이었다. 즉, 삶을 완성하는 것은 하루의 격렬한 노력보다 매일의 작은 실천이다.

삶을 완성하는 과정에서 또 하나 중요한 요소는 지속적인 개선이다. 인간의 뇌는 반복되는 것에 익숙해지는 경향이 있다. 그래서 처음에는 도전처럼 느껴졌던 것도 어느 순간 편안한 일상이 되기도 한다. 하지만 1의 법칙을 실천하는 과정에서 중요한 것은 단순한 반복이 아니라 끊임없는 성장이다. 작은 행동이라도 어제보다 조금 더 나아지도록 의식적으로 변화시킬 필요가 있다. 예를 들어, 매일 같은 방식으로 운동을 한다면 어느 순간 정체될 수밖에 없다. 하지만 운동 강도를 조금씩 높이거나 새로운 방식을 추가하는 것만으로도 지속적인 발전이 가능해진다.

삶의 완성은 단순히 목표를 이루는 것이 아니라 끊임없이 자신을 발전시키는 과정에서 이루어진다. 그래서 1의 법칙은 단순히 성공을 위한 전략이 아니라 지속적이고 의미 있는 삶을 살아가는 방식이 된다. 어떤 사람들은 목표를 이루는 것이 곧 삶의 완성이라고 생각하지만, 실상 목표는 하나를 달성하면 또 다른 목표가 생기기 마련이다. 그래서 중요한 것은 목표 자체가 아니라, 그것을 이루어가는 과정에서의 성장이다. 우리는 하루아침에 변하지 않지만, 하루하루

변할 수 있다. 그리고 이 하루의 변화가 쌓이면, 결국 우리가 원하는 삶을 완성할 수 있다.

1의 법칙은 작은 행동이 쌓여 삶을 완성한다는 원리를 의미한다. 삶을 바꾸는 것은 한순간의 거대한 도전이 아니라, 매일 반복되는 사소한 실천이다. 하루 1%씩 더 나아진다면 1년 뒤에는 우리가 상상했던 것보다 훨씬 더 성장해 있을 것이다. 결국 우리의 삶은 단 하나의 선택, 단 하나의 행동, 그리고 그것을 멈추지 않는 태도에서 완성된다.

*"오늘 당신은 어떤 '1'을 쌓아갈 것인가?"*

# Epilogue

### 당신의 '하나'는 무엇입니까?

이 책을 마무리하며 저는 다시 한번 처음의 질문을 떠올립니다. "작은 하나의 변화가 우리의 삶을 바꿀 수 있을까?" 우리는 살아가면서 수없이 많은 갈림길 앞에 섭니다. 때로는 앞이 보이지 않는 불확실함 속에서 머뭇거리기도 하고, 실패의 두려움에 도전을 망설이기도 합니다. 하지만 이 책을 통해 제가 전하고 싶었던 메시지는 단순합니다. 모든 변화와 성취는 '하나'에서 시작된다는 것, 그리고 그것이 지속될 때 놀라운 결과를 만든다는 것입니다.

성공한 사람들의 삶을 보면 거대한 도약을 한 것처럼 보이지만 그들의 출발점도 결국 작은 한 걸음이었습니다. 한 번의 선택, 하나의 결심, 하나의 행동이 점차 쌓이며 삶을 변화시키고 때로는 세상을 바꾸기도 합니다. 지금 당장 그 변화가 보이지 않더라도 멈추지 않고 나아간다면 언젠가 그 과정이 당신을 원하는 곳으로 데려다줄 것입니다. 책을 읽으며 독자 여러분이 자신만의 '하나'를 찾았기를 바랍니다. 그것이 하나의 작은 습관일 수도 있고 하나의 목표 혹은 하나의 신념일 수도 있습니다. 무엇이든 상관없습니다. 중요한 것은 그 하나를 붙잡고 끝까지 지켜나가는 것입니다. 우리는 때때로 지치고 흔들릴 수 있지만 포기하지 않는다면 결국 원하는 곳에 도착하게 됩니다.

제가 책을 쓰는 과정은 저에게도 깊은 배움의 시간이었습니다. 이 글을 통해 저 역시 한 번 더 저 자신을 돌아보았고, 작은 하나가 가진 힘을 다시금 깨닫게 되었습니다. 책을 집필하는 동안 제게 영감을 주신 분들 그리고 이 책이 세상에 나올 수 있도록 도와주신 모든 분들에게 깊이 감사드립니다. 무엇보다도 이 책을 읽어주실 독자 여러분께 진심으로 감사드립니다. 여러분이 이 책을 통해 작은 깨달음을 얻고 삶의 방향을 다시 생각해 보는 계기가 되었다면 저에게는 그보다 더 큰 기쁨이 없습니다.

이제 마지막으로 한 번 더 묻고 싶습니다.

**"당신이 끝까지 놓지 않을 '하나'는 무엇입니까?"**

그 하나가 당신을 어디로 데려갈지 모릅니다만 확실한 것은 그 하나가 결국 당신을 성장하게 만들 것이고 당신만의 길을 만들어 갈 것이라는 점입니다. 그러니 주저하지 말고 당신의 '하나'를 선택하세요. 그리고 멈추지 마세요. 당신이 시작한 작은 하나가 언젠가 인생을 바꾸는 가장 큰 힘이 될 것입니다.

고맙습니다. 그리고 이 책을 접으며 새롭게 시작할 당신의 여정을 응원합니다.

## 성공을 부르는 **1의 법칙**

**초판 발행** 2025년 7월 31일

**지은이** 정순모
**펴낸이** 방성열
**펴낸곳** 다산글방

**출판등록** 제313-2003-00328호
**주소** 서울특별시 마포구 동교로 36
**전화** 02-338-3630
**팩스** 02-338-3690
**이메일** dasanpublish@daum.net
　　　　iebookblog@naver.com
**홈페이지** www.iebook.co.kr

ⓒ 정순모, 2025, Printed in Korea
**ISBN** 979-11-6078-361-2　03810

\* 이 책은 저작권법에 의해 보호받는 저작물이며, 저자와 출판사의 서면 허락 없이
　내용의 전부 또는 일부를 인용하거나 발췌하는 것을 금합니다.
\* 제본, 인쇄가 잘못되거나 파손된 책은 구입하신 곳에서 교환해 드립니다.
\* 책값은 뒤표지에 있습니다.